글쓰기

자서전은 삶의 아름다움을 발견하기 위한 여정

사진 한 장으로
자서전
쓰기

정동욱 지음

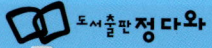

프롤로그

인생은 한 편의 긴 이야기와 같습니다. 그 이야기 속에는 수많은 장면과 인물들이 얽혀 있고, 각 순간마다 나를 형성하는 중요한 경험들이 담겨 있습니다.

본 자서전을 통해 [독자님] 삶의 여정을 돌아보고, 그 속에서 발견한 의미와 가치를 나누고자 하는 마음으로 자서전 쓰기 이론 편을 쓰게 되었습니다.

사례집을 통하여 쉽고 간편하게 누구나 내 마음속에 있는 그 내용을 사진 한 장으로 나만의 자서전을 쓰는 법을 안내하고자 합니다. 자서전은 나의 이야기를 내가 쓰는 것이지요. 그래서 누구보다도 나의 이야기라 더 정확한 기억, 추억을 불러올 수 있습니다.

어린 시절, 한적한 동네에서 자라며 느꼈던 순수한 행복과 호기심은 지금도 제 마음속에 깊이 자리잡고 있습니다.

첫 친구와의 소중한 추억, 부모님의 사랑, 그리고 그 시절의 작은 사건들이 오늘의 저를 만들어 주었죠.

청소년기에는 꿈과 희망이 뒤섞인 복잡한 감정들이 있었고, 그 가운데 첫사랑의 설렘은 아직도 잊을 수 없는 기억입니다.

성인이 되고 나서는 직장과 가정이라는 새로운 세계를 맞이하게 되었고, 결혼과 자녀의 출생은 제 인생의 큰 전환점이었고, 가족과 함께한 시간은 가장 값진 보물이 되었습니다.

중년이 되면서 경력을 쌓고, 사회에 기여하는 방법을 고민하게 되었습니다. 그 과정에서 얻은 깨달음은 제 삶을 더욱 풍요롭게 만들어 주었습니다.

자 이제는 나만의 자서전 이 책은 단순한 자서전이 아닙니다. 내 인생의 다양한 순간을 통해 느낀 감정과 배움을 기록한 이야기입니다.

각 장면마다 담긴 사진들은 그 당시의 기억을 생생하게 되살려 주며, [독자님]과 함께한 모든 이들에게 감사의 마음을 전하는 자서전이 될 것입니다.

정동욱
공방 작업실 창가에서

추
천
사

　최근 자서전 쓰기가 유행처럼 번지고 있다는 신문 기사가 뜨는 등 어르신들 사이에서 자서전을 집필하는 문화가 호응을 얻고 있다. 자서전 쓰기는 바쁘게 달려온 삶을 천천히 되돌아봄과 동시에 가족과 후손들에게 유언보다도 더 값진 메시지를 전해줄 수 있는 소통 창구로 자리 잡고 있을 뿐만 아니라 치열했던 과거를 돌아보고 행복했던 기억을 기록으로 남기기 위한 '자서전 쓰기'에 도전하는 시니어가 늘고 있다는 사실에 공감하며, 비록 유명인은 아니지만 인생의 황혼을 맞은 시니어들이 충실히 살아온 삶을 직접 글로 써 가면서 되짚어 보는 것이야말로, 의미가 클 수밖에 없을 것이다.

　그런데, 자서전을 비롯하여 시나 수필 등을 포함한 어떠한 종류의 글을 쓸 때 가장 막막해하는 질문이 하나가 있다. "뭘 써요?"라며, 아예 처음부터 대부분 포기하고 마는 경우를 자주 보아왔다. 앞으로 '자서전을 쓸 때 무엇을 어떻게 쓸 것인가'라는 질문에 명확한 답변이 될 수 있는 책이라고 보고 싶다.

　이에 감성 시인으로 유명세를 타고 있는 정동욱 작가의 오랜 글

쓰기 노하우를 일상의 추억 속에 간직하고 있는 사진 한 장으로, 사례 중심으로 자신만의 이야기를 쓰는데, 많은 도움을 줄 수 있는 책, 『사진 한 장으로 자서전 쓰기』를 출판하였다.

 특별히 정 작가는 이 책 안에 모든 사람은 '각자의 삶, 인생은 한 편의 긴 이야기'라고 하며, 그 이야기 속에는 수많은 장면과 인물들이 얽혀 있고, 그 순간마다 자신을 형성하는 중요한 경험과 삶의 여정을 돌아보고, 그 속에서 발견한 의미와 가치를 함께 찾을 수 있도록 자서전 쓰는 방법을 알기 쉽게 풀어헤치고 있다. 또한 이 책은 자기 자신에게 추억의 사진 한 장이 지나온 내 삶의 여정을 뒤돌아보는 자서전으로 쉽고 편안하게 접근하도록 만들어 드릴 것이라고 확신한다.

 정동욱 작가는 『사진 한 장으로 자서전 쓰기』책을 통하여 새로운 감성을 발견하고 진실한 내 삶의 자서전이 완성되어 독자들이 간직하고 있는 지난 삶의 아름다움을 발견하는 위대한 여정이 되길 응원하고 있다. 정동욱 시인은 시집 외 다양한 장르의 창의력, 새로운 발상의 전환에 큰 박수를 보내 드리며 자서전 쓰기에 도전하는 모든 이에게 마음껏 추천하고 싶은 마음이다.

박 종 규

시인 · 수필가 · 평론가, 대지문학회 회장

추천사

사진 한 장으로 자서전 쓰기!
　참 멋진 생각입니다. 이번 프로그램 참여가 앞으로 수필집이나 시집을 발간할 수 있는 좋은 계기가 될 것이라 믿습니다.

　더구나 이번 프로그램은 자서전이 사진에서 시작된다는 데에 큰 의미가 있습니다. 사진 속에는 잊혀진 과거가 담겨 있고, 그 과거 속에서 지금의 자신을 만날 수 있습니다.
　그때의 기억과 마음을 사진 속 자신과 대화하듯 꺼내어 글로 풀어낸다면, 훌륭한 자서전이 될 수 있을 것입니다.

　다만 한 가지 주의할 점이 있습니다. 요즘 자서전은 작가 자신의 이야기만 전개해서는 부족합니다. 독자가 글 속에서 주인공이 될 때, 비로소 책으로서의 생명력을 가지게 된다고 여겨집니다.

　이 부분은 이번 프로그램 『사진 한 장으로 자서전 쓰기』을 기획한 「한국문화콘텐츠교육원」 정동욱 원장님께서 충분히 지도해 주실 것으로 기대합니다.

감성 시집을 발간한 정동욱 시인님은 KBS 방송국에 근무하시던 시절에도 늘 새로운 아이디어를 발굴해 내고, 그것을 실행에 옮기셨습니다. 그런 점에서 이번 기획 역시 반드시 성공할 것으로 기대됩니다.

앞으로 더 좋은, 더 멋진 프로그램에서 다시 만날 수 있기를 희망합니다. 감사합니다.

윤보영 시인의 집필실이 있는 경기도 광주 '휴이야기터'에서

커피시인 **윤 보 영**

목차

프롤로그   4

추천사   6

1. 자서전을 쓰는 이유?   12

    1-1. 자서전 & 회고록

    1-2. 자서전 쓸 때 주의사항

    1-3. 주장하고 싶은 나의 철학

    1-4. 프롤로그 쓰는 법 & 예시

2. 어린 시절 (0-10세)   37

    2-1. 첫 번째 사진 [유년기의 기억, 가족과의 첫 사진, 초기의 꿈과 희망]

    2-2. 학교생활과 첫 친구들 [첫 학교 경험과 친구 관계]

    2-3. 특별한 순간들 [가족 행사 첫 여행 등]

3. 청소년기 (11-20세)   45

    3-1. 두 번째 사진 [청소년 시절의 변화 성장 과정과 자아 발견]

    3-2. 고등학교 생활 [학업, 친구, 첫사랑 이야기]

    3-3. 꿈과 목표 [미래에 대한 계획과 희망]

4. 성인 초기 (21-30세)   59

    4-1. 세 번째 사진 [사회에 첫발을 내딛다. 대학 생활 및 전공선택]

    4-2. 첫 직장 경험 [직장 생활의 도전과 배움]

    4-3. 중요한 인연 [친구와의 우정 사랑의 시작]

        ○ 자서전을 통해 보는 위기 극복 사례

5. 중년 1기 (31-40세)   79

    5-1. 네 번째 사진 [가족의 시작 결혼과 자녀 출생]

    5-2. 경력 발전 [직장에서의 성장과 성취]

    5-3. 어려움과 극복 [위기 상황과 그것을 극복한 이야기]

        ○ 자서전을 통해 보는 위기 극복 사례

6. 중년 2기 (41-50세)   101

    6-1. 다섯 번째 사진 [성숙한 삶 자녀의 성장과 독립]

    6-2. 인생의 전환점 [새로운 도전과 변화]

        ○ 전환점 명확하게 파악하기

    6-3. 사회적 기여 [봉사활동 커뮤니티 참여]

        ○ 자서전을 통해 보는 위기 극복 사례

목차

7. 정년 준비시기 (51~60세)   119

     7-1. 여섯 번째 사진 [인생의 여유 은퇴 후의 삶과 취미]

     7-2. 가족과의 시간 [손주와의 추억, 가족 여행]

     7-3. 인생의 성찰 [지나온 삶에 대한 생각과 배움]

8. 회고와 반성 (64~이상)   141

     8-1. 일곱 번째 사진 [현재의 삶 취미, 관심사, 여가 활동]

     8-2. 회고와 반성 [인생에서의 주요 교훈]

     8-3. 순간의 시간 [후회하는 점 & 아쉬운 점]

9. 미래에 대한 생각   151

     9-1. 앞으로의 계획과 꿈 [후세에 남길 메시지]

     9-2. 감사의 인사와 마무리 소감

10. 에필로그 쓰는 법　　161

11. 부록　　　　　　　165

   1. 나의 인생 경력서

   2. 내 삶의 인생 경력 작성표

      저자 [　　　] 의 삶의 그래프 작성

   3. AI 활용하는 법

      AI 활용 사례 비교

에필로그　　　　　185

작가 프로필　　　　187

참고 문헌　　　　　190

1. 자서전을 쓰는 이유?

1-1. 자서전 & 회고록

1-2. 자서전 쓸 때 주의 사항

1-3. 주장하고 싶은 나의 철학

1-4. 프롤로그 쓰는 법 & 예시

1. 자서전을 쓰는 이유?

우리는 누구나 자신만의 소중한 이야기를 안고 살아갑니다. 그 이야기는 때로는 말로 다 표현되지 않고, 기억 속에서 희미해지기도 합니다.

그래서 나의 삶을 스스로 돌아보며 기록으로 남기고자 하지요. 이것은 단순한 회고가 아니라, 나를 이해하고, 세상과 다시 한번 대화하려는 노력이며 어쩌면 나를 세상에 알리 고자 하는 것이기도 합니다.

자서전에 대한 몇 가지 살펴보겠습니다.

첫째, 자서전은 나 자신을 마주하는 시간

살아온 길을 되짚어 보며 나의 기쁨과 슬픔, 성공과 실패를 성찰하게 됩니다. 그 과정을 통해 저는 '나는 누구이며, 무엇을 믿고 살아왔는가'에 대한 답을 조금씩 찾아갑니다.

둘째, 이 글은 후손에게 전하는 마음의 편지

말로 다 전하지 못했던 가족에 대한 고마움, 미안함, 삶의 지혜를 담아 다음 세대가 참고할 수 있는 인생의 나침반이 되었으면 합니다. 나의 경험이 누군가에게 작은 용기와 위로가 된다면 그것만으로도 충분한 의미가 있을 것입니다.

셋째, 자서전은 잊히지 않기 위한 노력

시간이 지나면 기억은 흐려지고, 존재는 희미해지기 마련입니다. 하지만 기록은 남습니다. 이 책 한 권이 나의 존재를 증명하고, 내가 살아왔던 시대와 환경, 가치관을 후대에 전할 수 있는 흔적이 되길 바라는 것입니다.

넷째, 자서전은 마음의 치유와 화해의 과정

꺼내지 못한 감정, 풀지 못한 오해, 지나간 시간 속에서 놓쳐버린 사람들과의 아름다운 기억을 다시 떠올리며 스스로를 용서하고 치유하는 소중한 시간이 됩니다.

마지막으로, 자서전은 삶의 아름다움을 발견하기 위한 여정

평범한 하루, 작은 기쁨, 사소한 대화 속에 숨어 있는 가치를 되새기며, 다시 한번 내 삶의 고마움을 느낍니다. 글을 쓰는 동안 '살아 있음' 그 자체가 얼마나 값진 것인지를 깊이 체감하게 됩니다.

자서전은 누군가의 인생을 바꾸기 위한 위대한 이야기는 아닙니다. 다만, 한 사람의 진실한 기록이며, 마음 깊은 곳에서 시작된 작은 고백입니다. 그렇게 진심으로 쓴 이야기는 언젠가 누군가의 마음에도 잔잔히 닿으리라 믿습니다.

'사진 한 장으로 자서전 쓰기' 꿀팁

◆ **사진 선정은 자유롭게**

실제 사진이 없어도 괜찮아요. 기억 속에 선명하게 남아 있는 '장면'이라면 그 자체가 당신의 자서전을 위한 '사진'이 될 수 있습니다.
순서에 너무 얽매이지 마세요. 처음부터 순서대로 쓰기보다는, 먼저 가장 강렬하게 기억나는 '사진'부터 써 내려가는 것도 좋아요. 자유롭게 쓰다가 나중에 순서를 정리해서 마무리하세요.

◆ **매일 조금씩**

거창하게 시작하기보다 하루에 10분, 15분이라도 매일 꾸준히 쓰는 습관을 들이는 것 그리고 부담 없이 시작하는 것이 최고입니다.

◆ **솔직하게, 그리고 담백하게**

미화하거나 꾸미려 하지 않고, 당신의 경험과 감정을 있는 그대로 솔직하게 풀어내는 것이 독자들에게 가장 큰 울림과 공감의 요소가 됩니다.

◆ **혼잣말처럼, 친구에게 이야기하듯**

어려운 문체보다는 마치 당신의 가장 친한 친구에게 들려주듯이 편안하게 글을 쓰세요. 자서전을 쓰는 시간은 당신의 인생을 돌아보고, 의미를 찾아가는 정말 소중한 과정이 될 거예요. '사진 한 장으로 자서전 쓰기'라는 멋진 제목처럼, 당신의 빛나는 인생을 아름다운 글로 남기시길 진심으로 응원합니다. 책상 앞에 '도전'이라고 써 붙여놓고 [자서전 완성]이라고 읽어 보세요.

세부 내용

각 항목마다 사진을 활용하여 이야기의 흐름을
자연스럽게 이어가고,
그 사진에 얽힌 감정이나 기억을 자세히 서술하면 좋습니다.

또한, 각 시기의 중요한 사건이나 감정을 생생하게
표현하면 독자에게 더 큰 감동을 줄 수 있습니다.

1-1. 자서전 & 회고록

자서전과 회고록의 서로 차이점을 살펴보겠습니다. 자서전과 회고록은 모두 일대기를 쓰는 방식이지만, 범위, 초점, 그리고 목적이 서로 다릅니다. 차이점을 명확하게 설명하면 다음과 같습니다.

1. 자서전

자서전 쓰기의 범위는 작가의 출생부터 현재까지, 작가의 인생 전체를 포괄합니다. 서사구조는 대개 연대순이고 포괄적으로 쓰는 것이 가장 일반적입니다. 또한 자서전의 목적은 주요 이정표, 업적, 실패, 역사적 맥락을 포함하여 개인의 삶에 대한 완전한 기록으로 쓰고, 전반적인 흐름은 보다 공식적이거나 사실적으로 작성합니다.

타깃은 일반 대중, 종종 정보 제공이나 영감 제공을 목적으로 합니다. 자서전의 가장 많이 인용되는 도서는 "헬렌 켈러의 '내 인생 이야기"입니다.

2. 회고록

자서전과 유사하지만 조금 다른 회고록을 살펴보겠습니다. 회고록의 범위는 작가의 삶 속의 특정 기간, 주제 또는 경험 (예: 전쟁, 관계, 영적여정)에 초점을 맞춥니다.

서사구조는 주제별 또는 에피소드식으로 구성되며 항상 연대순으로 정렬되어있는 것은 아닙니다.

회고록의 목적은 특정한 시간이나 사건에서 개인적 의미, 감정, 통찰력을 탐구합니다.

문맥의 전체적인 흐름은 보다 친밀하고, 사려 깊고, 문학적입니다. 타깃은 감정적 공감이나 공유 경험을 추구하는 독자들이 많습니다.

대표적인 회고록은 타라 웨스트오버의 『배움의 발견』(Tara Westover, "Educated"), 미셸 오바마의 "Becoming", 이 땅에 태어나서, (나의 살아온 이야기) 정주영의 사례가 있습니다.

핵심 간단한 비유:

- ◆ 자서전은 누군가의 인생을 담은 영화이다.
- ◆ 회고록은 의미 있는 장면들을 모아놓은 하이라이트 영상이다.

1-2. 자서전 쓸 때 주의사항

자서전 쓰는 것은 의미 있고 성찰적인 여정입니다. 자서전을 강렬하고 솔직하며 매력적으로 만들려면 몇 가지 중요한 사항에 주의를 기울여야 합니다. 자세한 내용은 다음과 같습니다.

1. 진실성과 정직성
어렵거나 당혹스러운 순간에 대해 쓸 때에도 진심을 담아 쓰세요. 독자는 정직함과 연약함을 중요하게 생각합니다. 명확하게 반영이나 해석으로 표현하지 않는 한 과장이나 왜곡은 피해야 한다. 또한 자신을 너무 완벽해 보이게 만들려고 하지 말 것이며, 단점이 당신의 이야기를 인간적으로 만들어줍니다.

 실패, 후회, 그리고 얻은 교훈을 인정할 만큼 용기를 가지고 그것을 표현하면 됩니다.

2. 목적의 명확성
스스로에게 물어보세요.
- 왜 이 글을 쓰는 걸까?

- 유산을 남기기 위해서일까?
- 다른 사람들에게 영감을 주기 위해서일까?
- 자신의 성장을 되돌아보기 위해서일까?

귀하의 목적에 따라 스토리에 무엇을 포함할지, 어떻게 전달할지가 결정됩니다. 집중하세요. 핵심 목표에 도움 되지 않는 한 모든 것을 쓰려고 욕심부리지 마세요.

 자서전을 시작하기 전에 한 문장으로 된 사명 선언문을 먼저 작성하세요.

3. 연대순 구조(또는 의도적 구조)

자서전은 일반적으로 연대순으로 작성하지만, 스토리를 명확하게 하는 데 도움이 된다면 플래시백이나 주제별 분류를 사용할 수 있습니다. 이때는 시간의 흐름에 주의한다. 항상 독자의 관심을 사로잡아 길을 잃지 않도록 하세요.

 글을 쓰기 전에 타임라인 도구나 인생 지도 작성 연습을 활용해 주요 사건을 정리하세요. 그러면 글의 부족한 부분을 보완하는데 효과를 볼 수 있습니다.

> 플래시백:
> 영화나 텔레비전 등에서 장면의 순간적인 전환을 반복하는 기법.
> (긴장된 분위기나 과거의 회상 장면으로의 전환에 주로 사용함)

4. 개인적 맥락과 역사적 맥락의 균형

더 큰 세상 속에서 당신의 삶을 위치시키세요. 역사적 사건, 문화적 변화, 가족 유산은 당신의 이야기에 깊이를 더해줍니다.

젊은 독자들에게 익숙하지 않은 문화적 또는 세대적 언급을 설명해 주세요.

 여러분의 인생을 더 큰 태피스트리(tapestry)의 한 실로 생각해 보세요.

> 태피스트리 (tapestry)
> 여러 가지 색실로 그림을 짜 넣은 직물. 벽걸이나 가리개 따위의 실내 장식품으로 쓰며, 일반적으로 날실에는 마사, 씨실에는 양모사나 견사를 쓰는데 고블랭직이 가장 발달한 것이다.

5. 글의 흐름

자연스러운 목소리는 우리를 편안하게 해줍니다.

자신감이 넘치는 목소리로 말하듯이 편안하다면 대화체로 작성하면 좋습니다. 글의 흐름은 일관성을 유지하고, 특별한 목적이 없는 한 지나치게 캐주얼하거나 격식을 차리는 것은 피합니다.

 손주나 신뢰할 수 있는 친구에게 이야기를 들려주는 상상을 해 본다.

6. 타인의 사생활 존중

내 삶 속의 지인들에 대해 글을 쓸 때는 특히 주의합니다.

물론 나의 이야기 일지라도 다른 사람들에게 영향을 미칠 수 있음으로 필요한 경우 지인의 이름을 바꾸거나 또는 동의를 구해야 합니다. 비판적인 태도를 보일 때에도 공정하게 행동합니다.

예를 들어 동의 없이 쓰여진 부분은 출판 후 삭제해 달라고 한다면 판매에 문제도 발생 되는 피치 못할 상황이 발상할 수 있습니다.

 "독자들이 내 자서전을 읽으면 존중받는다고 느낄까?"라고 자문해 보세요.

7. 독자 참여

나의 자서전에 독자를 참여시키는 방법입니다. 물론 자서전은 나의 이야기이지만 독자를 참여시킬 수 있습니다. 그 방법은 독자를 끌어들이려면 감각적인 세부 사항, 대화, 감정을 활용하세요.

단순히 사실만 나열하는 것이 아니고, 일반적인 언어 "무서웠어요"라고 말하는 대신, 감성의 언어 공감의 언어를 사용하여 두근거리는 나의 심장, 땀에 젖은 손바닥, 쉴 새 없이 돌아가는 생각들을 감성의 언어로 묘사합니다.

 자서전을 스토리텔링처럼 생각하세요. 장면, 등장인물, 감정 및 감성의 언어로 표현합니다.

8. 반성과 의미

무슨 일이 일어났는지만 말하지 말고, 그것이 무엇을 의미하는지 말하세요.

무엇을 배웠나요? 어떻게 성장했나요?.

자서전의 힘은 단지 사건 자체에만 있는 것이 아니라 통찰력에도 있습니다. 이러한 상황 속에서 나의 인생의 전환점은 어떻게 되었고, 무엇 때문에, 내 삶에 지대한 영향을 주고 있다고 이에 대하여 구체적으로 작성합니다.

> **팁** 각 장을 작은 성찰이나 교훈으로 마무리하세요. 끝이 열려 있더라도 괜찮습니다.

9. 편집 및 재작성

첫 번째 초안이 최고의 글은 아닐 것입니다.

다시 쓰면 명확성과 힘이 더해집니다. 큰 소리로 읽고, 피드백을 받고, 여러 번 수정하세요.

> **팁** 신뢰하는 사람에게 읽어달라고 부탁하고 "무엇이 기억에 남았나요?"라고 물어보세요.
> 그러면 어떤 내용이 효과적인지 알 수 있습니다.

10. 유산과 영향

사람들이 나의 이야기를 기억하거나 얻어가기를 바라는 것이 무엇인지 생각해 보세요. 모든 사람의 삶은 각자 독특합니다. 평범한 경험조차도 솔직함과 배려를 담아 이야기하면 깊은 의미를 가질 수 있습니다.

50년 후 당신의 책이 읽힌다고 상상해 보세요. 독자가 당신과 당신의 시간에 대해 무엇을 알기를 바라는지 궁금 그 자체입니다.

1-3. 주장하고 싶은 나의 철학

　자서전에서 자신의 철학을 제시하는 것은 오래도록 기억될 메시지를 남기는 가장 강력한 방법 중 하나이다. 하지만 강의처럼 들리지 않고, 자신의 인생 이야기와 자연스럽게 연결되도록 자연스럽게 엮어내는 것이 중요하다. 자서전에 나의 인생철학을 효과적으로 나열하거나 제시하는 방법에 대하여 살펴보겠습니다.

1. 스토리로 나의 철학 드러내기
　나의 신념을 바로 밝히는 대신, 먼저 내 삶에서 일어난 사건들을 통해 설명합니다. 독자들이 저자는 어떻게 행동했고, 어떻게 어려움을 겪었고, 어떻게 극복했는지를 알게 되면, 자연스럽게 나의 철학을 이해할 수 있습니다.

예시,

나의 철학이 "절대 사람을 포기하지 마라"라면, 다른 사람들이 떠났을 때 나는 누군가를 지지했던 이야기를 들려줍니다.

나의 철학이 "작은 것들이 중요하다"라면, 작은 순간들이 나의 삶을 어떻게 변화시켰는지 들려준다.

2. 철학을 점진적으로 소개하세요.

나의 철학을 소개할 수 있습니다. 중요한 행사가 끝난 뒤의 작은 성찰에서, 만난 사람들과의 대화에서, 중요한 순간에 스스로에게 물었던 질문들입니다.

예시.

"돌이켜보면, 성공은 얼마나 높이 올랐느냐로 측정되는 것이 아니라, 올라가는 길에 얼마나 많은 사람에게 손을 내밀었느냐로 측정된다고 믿게 됐습니다."

3. 나의 철학 (적절한 시기에) 명확하게 나열하기 요약하기.

이야기와 경험을 공유한 후, 핵심 신념을 명확하게 요약해 보세요. 효과적 나열법으로는 장의 끝에서, 전환점 이후의 반성으로서, 마지막 장이나 에필로그에서, 나의 철학을 세 가지 방법으로 나열할 수 있습니다.

나의 철학 표현 세 가지 예시

가. 핵심 문장

수년에 걸쳐 저는 세 가지 간단한 진실에 따라 살게 되었습니다.
- 성공보다 사람이 더 중요합니다.
- 주는 대로 얻는다.

○ 감사하는 마음은 평화의 시작입니다.

나. 인생의 교훈

제가 남길 수 있는 것이 있다면 바로 이 교훈들입니다.

○ 빨리 용서하라.

○ 말하기보다 더 많이 경청하라.

○ 변화를 두려워하지 마라.

○ 계산하지 않고 사랑하라.

다. 개인 신조

제가 믿는 것은 이것입니다.

○ 평범한 날들이 특별한 아름다움을 지닌다는 것.

○ 실패는 성공의 반대가 아니라 성공의 일부라는 것.

○ 가장 위대한 유산은 친절이라는 것

4. 철학을 실생활에 연결하기.

나의 철학을 말할 때는 그것을 나의 이야기와 연결하여 그 대가와 노력 그리고 증거를 나열한다.

예시

"저는 인내가 중요하다고 생각합니다."라고만 쓰려고 하지 마세요.

그 예시를 좀 더 구체적으로 작성합니다.

"저는 아버지 병상에서 긴 밤을 보내며 인내심을 배웠습니다. 그때 제가 할 수 있는 일은 앉아서 기다리고 기도하는 것 뿐이었습니다. 바로 그곳에서 저는 인내심은 기다리는 것이 아니라 어떻게 기다리느냐에 달려 있다는 것을 깨달았습니다."라고 쓰는 것입니다. 어때요, 더 좋은 글이 완성되었지요.

5. 독자를 위한 공간을 남겨주세요.

자서전은 나의 이야기이지만, 좋은 인생철학은 독자가 자신의 이야기를 되돌아보도록 유도합니다. "이것이 유일한 길이다"라고 말하는 대신 다음과 같이 말한다.

예시

"저에게는 이것이 사실이었습니다."

"당신도 같은 생각을 해봤는지 궁금해요."

"아마도 당신은 이 진실에 대한 당신만의 버전을 찾을 수 있을 거예요."

이렇게 하면 나의 철학이 더 개방적이고 겸손하며 공감하기 쉬워집니다.

1-4. 프롤로그 쓰는 법 & 예시

　자서전 서문(프롤로그)을 쓰는 것은 인생 이야기의 분위기, 목적, 그리고 감정적 울림을 설정할 수 있는 강력한 기회입니다. 10년 단위의 사진 기반 기억 구조를 따르는 상세한 개요를 바탕으로, 설득력 있는 프롤로그를 작성하는 데 도움이 되는 가이드와 예시를 살펴보겠습니다.

1. 자서전의 프롤로그 쓰는 법

가. 시작

　자서전 쓰기 구조에는 의미 있는 사진이 포함되어 있으므로, 그중 하나(아마도 첫 번째 사진이나 인생의 상징적인 순간)를 설명하면서 프롤로그을 시작할 수 있습니다.

나. 글을 쓰는 이유를 먼저 말하기

　왜 나의 인생 이야기를 하기로 했는지 간략하게 설명하세요.

다. 분위기를 조성하세요.

　프롤로그를 희망적, 향수 적, 사려 깊거나 영감을 주는 느낌으로 만들고 싶은지 결정하고, 그 감정을 염두에 두고 씁니다.

라. 읽기에 초대하기

독자에게 직접 이야기하세요. 가족이든, 미래 세대든, 혹은 의미를 찾는 독자든, 이 이야기가 그들을 위한 것이라는 것을 알려주세요.

마. 테마에 연결

위기 극복, 개인적 성장, 작은 순간의 힘, 기억의 중요성 등 핵심 아이디어를 언급하세요. 그러면 독자들은 더욱 신뢰하게 됩니다.

위 내용은 프롤로그 작성에 가장 기본이 되는 초안이고, 아래 사례를 바탕으로 프롤로그 쓰는 법 예시를 참고하여 나만의 프롤로그를 아주 멋지게 작성해 보시길 바랍니다.

2. 프롤로그 쓰는 법 예시

가. 자서전을 위한 초안 서문 (약 1000자 이내)

제가 자주 꺼내 보는 사진이 있습니다. 세 살쯤 되었을 때, 어머니 옆에 앉아 눈을 가늘게 뜨고 햇살을 바라보던 사진입니다. 지금은 바래고 가장자리는 마른 나뭇잎처럼 말려 있지만, 그 안에는 모든 것의 시작이 담겨 있습니다. 따뜻함, 웃음, 그리고 경이로움. 제가 이 자서전을 쓰는 것은 제가 특별한 삶을 살았기 때문이 아니라, 모든 삶은 말할 가치가 있는 이야기라고 믿기 때문입니다.

특히 시간의 눈과 사진의 심장을 통해 기억될 때 더욱 그렇습니다. 이어지는 각 장은 제가 누구였고, 어떤 사람이 되었는지, 그리고 앞으로 어떤 사람이 되어가고 있는지를 보여주는 창입니다.

자서전 쓰는 법에 관심이 있는 독자 여러분, 혹시 자신의 여정에 대해 궁금해하신 적이 있다면, 이 글이 여러분에게 상기시켜 드리고 싶습니다. 모든 삶에는 빛이 담겨 있습니다. 심지어 그림자 속에서도요.
이렇게 작성해 보시라는 초안 예시입니다.

나. 자서전을 위한 초안 서문 (약 1000자 이내)

내 인생의 첫 사진 한 장이 떠오릅니다. 아직 말도 서툴던 어린 시절, 어머니 손을 잡고 처음으로 사진관에 간 날이었지요. 작고 흐릿한 그 사진 속에는 나의 시작이 담겨 있습니다. 사랑, 호기심, 그리고 따뜻한 시선. 이 자서전은 특별한 인생을 자랑하기 위한 것이 아닙니다. 오히려 평범한 일상 속에 숨겨진 기억과 감정, 그리고 나를 키워준 순간들을 되새기고, 그 이야기를 누군가에게 전하고 싶었기 때문입니다.

각 장마다 사진과 함께 적은 글들은 단순한 과거 회상이 아니라, 오늘의 나를 만들어준 조각들입니다. 그리고 혹시 이 글을 읽는 당신이 자신의 삶을 돌아보게 된다면, 그 또한 이 책의 가장 큰 의미가 될 것입니다.

이제, 그 조용하지만 깊은 시간의 여정을 함께 걸어가 보시겠어요?.

다. 자서전을 위한 초안 서문 (약 1000자 이내)

이번에는 사진 한 장에 맞춘 자서전 프롤로그 초안으로, 예를 들어,
"어린 시절 가족과 함께 찍은 첫 사진"을 중심으로 구성해 보겠습니다.

오래된 앨범 속, 빛바랜 사진 한 장이 있습니다. 할머니 댁 마당 앞에서 찍은 가족사진, 나는 어머니 품에 안겨 조그맣게 웃고 있었습니다. 사진 속 풍경은 단순하지만, 그 안엔 사랑

과 온기, 그리고 시작의 기억이 고스란히 담겨 있습니다.

이 한 장의 사진이 나의 인생 이야기를 시작하게 했습니다. 내가 누구였는지, 어떻게 자랐고, 어떤 마음으로 살아왔는지를 돌아보는 작은 단서가 되어주었지요.

본 자서전은 그런 사진들과 함께 기억의 조각들을 꿰어 만든 시간의 앨범입니다.

기쁜 순간도, 슬펐던 날도, 다시 웃게 만든 사람들도 담겨 있습니다. 어쩌면 내 삶은 특별하지 않을 수 있습니다. 하지만 그 속에는 누구에게나 닿을 수 있는 진심과 배움이 있다고 믿습니다. 이제 이 사진 한 장에서 시작된 나의 이야기를, 천천히 들려드리려 합니다.

자 이제 프롤로그가 완성되었다면. 1장부터 작성하여 사진 한 장으로 자서전 쓰기를 시작해 보겠습니다.

'사진 한 장으로 자서전 쓰기'에 제시된 각 장의 내용이 나의 내용을 업데이트하시면 되는 것이 바로 이 자서전 쓰기의 특징입니다.

혹시라도 나와 내용이 맞지 않으면 중간중간 다른 내용으로 글을 작성하셔도 좋아요.

2. 어린 시절 (0-10세)

2-1. 첫 번째 사진

[유년기의 기억, 가족과의 첫 사진, 초기의 꿈과 희망]

2-2. 학교생활과 첫 친구들

[첫 학교 경험과 친구 관계]

2-3. 특별한 순간들

[가족 행사 첫 여행 등]

2. 어린 시절 (0~10세)

2-1. 첫 번째 사진
[유년기의 기억_가족과의 첫 사진, 초기의 꿈과 희망]

가족과의 첫 사진은 많은 사람들에게 특별한 의미를 지닙니다. 그 사진은 사랑과 유대감, 그리고 함께한 순간들을 담고 있어, 시간이 지나도 잊지 못할 추억으로 남습니다. 초기의 꿈과 희망은 종종 그 시절의 순수함과 기대감을 반영합니다.

어린 시절, 가족과 함께한 순간들은 미래에 대한 꿈을 키우는 데 큰 영향을 미칩니다. 예를 들어, 부모님과의 소중한 시간은 안정감과 지지를 주며, 자신이 원하는 길을 찾는 데 도움을 줄 수 있습니다.

　이런 사진들은 단순한 이미지 이상의 의미를 지니며, 가족의 사랑과 지지 속에서 자라난 꿈과 희망을 상기시켜 줍니다. 시간이 지나면서 그 꿈이 어떻게 변화했는지, 또는 여전히 그 꿈을 추구하고 있는지를 돌아보는 것도 의미 있는 일입니다.
　가족과의 첫 사진을 통해 느꼈던 감정과 그때의 꿈을 다시 떠올려보는 것은 현재의 삶을 돌아보고 미래를 계획하는 데 큰 도움이 될 수 있습니다.

2-2. 학교생활과 첫 친구들
[첫 학교 경험과 친구 관계]

학교생활은 많은 사람들에게 중요한 성장의 시기이며, 첫 친구들과의 경험은 그 과정에서 큰 영향을 미칩니다.

첫 학교 경험은 새로운 환경에 적응하고, 다양한 사람들과의 관계를 형성하는 기회를 제공합니다.

첫날 학교에 가는 것은 긴장과 기대가 뒤섞인 순간입니다. 새로운 교실, 낯선 선생님, 그리고 많은 친구들이 있는 공간에서 처음으로 느끼는 감정은 특별합니다. 이때 만난 첫 친구들은 종종 평생의 친구가 되기도 하며, 서로의 첫 경험을 공유하면서 깊은 유대감을 형성합니다.

친구 관계는 학교생활의 중요한 부분으로, 함께 공부하고 놀면서 서로의 성격과 취향을 이해하게 됩니다. 처음에는 같은 반 친구들과의 관계가 중심이 되지만, 시간이 지나면서 다양한 활동을 통해 더 많은 친구를 사귀게 됩니다.

학교에서의 경험은 친구들과의 소중한 추억을 쌓는 기회이기도 합니다. 소풍, 운동회, 학예회 등 다양한 행사에서 함께한 순간들은 나중에 돌아보았을 때 큰 행복을 주는 기억으로 남습니다.

이런 친구들과의 관계는 사회성을 기르고, 협력과 소통의 중요성을 배우는 데 큰 도움이 됩니다. 또한, 어려운 시기에 서로를 지지하고 격려하는 경험은 인생의 중요한 교훈이 되기도 합니다.

결국, 학교생활과 첫 친구들과의 경험은 개인의 성장에 큰 영향을 미치며, 앞으로의 인생에서도 중요한 역할을 하게 됩니다.

2-3. 특별한 순간들
[가족 행사, 첫 여행]

　특별한 순간들은 가족과 함께하는 행사나 여행에서 더욱 빛을 발합니다. 이러한 경험들은 가족 간의 유대감을 강화하고, 소중한 추억을 만들어 줍니다.

○ 가족 행사

　가족 행사는 다양한 형태로 이루어질 수 있습니다. 생일, 명절, 졸업식, 결혼식 등은 모두 특별한 의미를 지니고 있습니다. 예를 들어, 생일 파티는 가족과 친구들이 모여 축하하는 자리로, 사랑과 관심을 느낄 수 있는 순간입니다.
　명절에는 전통 음식을 함께 만들고, 조상에게 감사하는 시간을 가지며, 가족의 역사와 문화를 되새기는 기회가 됩니다.

　졸업식이나 결혼식 같은 중요한 이정표는 가족이 함께 모여 기쁨을 나누는 특별한 순간입니다. 이러한 행사에서는 서로의 성취를 축하하고, 앞으로의 미래에 대한 희망을 나누는 시간이 됩니다.

○ 첫 여행

첫 여행은 많은 사람들에게 잊지 못할 경험으로 남습니다. 가족과 함께 떠나는 여행은 새로운 장소를 탐험하고, 다양한 문화와 사람들을 만나는 기회를 제공합니다.

예를 들어, 바다로의 첫 여행은 해변에서의 즐거운 시간, 수영, 모래성 쌓기 등으로 가득 차 있습니다. 이러한 경험은 가족 간의 소중한 추억을 쌓는 데 큰 역할을 합니다.

여행 중에는 함께하는 활동이 많아지면서 자연스럽게 대화가 늘어나고, 서로에 대한 이해가 깊어집니다.

또한, 여행에서의 작은 해프닝이나 예상치 못한 사건들은 나중에 가족이 함께 웃으며 이야기할 수 있는 좋은 소재가 됩니다.

핵심 포인트

가족 행사와 첫 여행은 모두 특별한 순간으로, 가족 간의 유대감을 강화하고, 소중한 추억을 만들어 줍니다.

이러한 경험들은 시간이 지나도 잊지 못할 기억으로 남아, 가족의 역사와 정체성을 형성하는 데 중요한 역할을 합니다.

3. 청소년기 (11-20세)

3-1. 두 번째 사진

    [청소년 시절의 변화 성장 과정과 자아 발견]

3-2. 고등학교 생활

    [학업, 친구, 첫사랑 이야기]

3-3. 꿈과 목표

    [미래에 대한 계획과 희망]

3. 청소년기 (11~20세)

3-1. 두 번째 사진
[청소년 시절의 변화, 성장 과정과 자아 발견]

소년 시절은 개인의 성장과 자아 발견에 있어 매우 중요한 시기입니다. 이 시기는 신체적, 정서적, 사회적 변화가 급격하게 일어나는 시기로, 자신을 이해하고 정체성을 형성하는 데 큰 영향을 미칩니다.

1. 신체적 변화
청소년기는 사춘기가 시작되면서 신체적으로 많은 변화가 일어납니다. 남성과 여성 모두 성장이 이루어지고, 호르몬의 변화로 인해 감정의 기복이 심해질 수 있습니다.

이러한 신체적 변화는 자신에 대한 인식을 바꾸고, 외모에 대한 관심이 증가하게 만듭니다. 이 과정에서 자신감을 얻기도 하고, 때로는 불안감을 느끼기도 합니다.

2. 정서적 변화

청소년기는 감정적으로도 복잡한 시기입니다. 친구와의 관계, 가족과의 갈등, 첫사랑의 경험 등 다양한 정서적 사건들이 발생합니다. 이러한 경험들은 자아를 형성하는 데 중요한 역할을 하며, 자신이 어떤 사람인지, 어떤 가치를 중요하게 여기는지를 탐색하게 만듭니다. 이 과정에서 자아 존중감이 형성되기도 하고, 때로는 정체성에 대한 혼란을 겪기도 합니다.

3. 사회적 변화

청소년기는 사회적 관계가 확장되는 시기입니다. 친구와의 관계가 중요해지며, 또래 집단의 영향을 받기 시작합니다. 이 시기에 친구들과의 유대감은 자아 발견에 큰 영향을 미치며, 사회적 규범과 가치관을 배우는 기회가 됩니다.

또한, 다양한 활동에 참여하면서 자신의 흥미와 적성을 발견하게 됩니다.

4. 자아 발견

청소년기는 자신이 누구인지, 무엇을 원하는지를 탐색하는 과정입니다. 다양한 경험을 통해 자신의 가치관과 목표를 설정하게 되며, 이는 성인이 되었을 때의 삶의 방향성을 결정짓는 중요한 요소가 됩니다.

이 과정에서 실패와 성공을 경험하며, 자신에 대한 이해가 깊어지고, 더 나아가 사회에 대한 이해도 넓어집니다.

핵심 포인트

청소년 시절은 변화와 성장이 가득한 시기로, 자아 발견의 중요한 단계입니다. 신체적, 정서적, 사회적 변화는 모두 개인의 정체성을 형성하는 데 기여하며, 이 시기에 쌓은 경험은 평생에 걸쳐 영향을 미칩니다.

이러한 과정은 때로 힘들고 혼란스러울 수 있지만, 결국에는 자신을 이해하고 성장하는 데 중요한 밑거름이 됩니다.

3-2. 고등학교 생활
[학업, 친구, 첫사랑 이야기]

고등학교 생활은 많은 청소년들에게 중요한 경험으로, 학업, 친구, 첫사랑 등 다양한 요소가 얽혀 있습니다.

이 시기는 개인의 정체성을 형성하고, 사회적 관계를 발전시키는 데 큰 영향을 미칩니다.

다음은 고등학교 생활에서의 주요 요소들에 대한 이야기입니다.

1. 학업

고등학교는 학업적으로 매우 중요한 시기입니다. 대학 진학을 위한 준비가 본격적으로 시작되며, 학생들은 다양한 과목을 배우고, 성적을 관리해야 합니다.

이 과정에서 많은 학생들이 스트레스를 경험하기도 하고, 경쟁의 압박을 느끼기도 합니다.

하지만 이러한 학업 경험은 자기 관리 능력과 목표 설정 능력을 키우는 데 도움을 줍니다.

또한, 특정 과목에 대한 흥미를 발견하거나, 진로에 대한 고민을 하게 되는 계기가 되기도 합니다.

2. 친구

고등학교는 친구 관계가 더욱 깊어지는 시기입니다. 같은 반 친구들과의 유대감이 강해지고, 다양한 활동을 함께 하면서 친밀한 관계를 형성하게 됩니다.

친구들은 서로의 고민을 나누고, 지지해 주는 중요한 존재가 됩니다. 이 시기에 형성된 우정은 평생의 친구가 되기도 하며, 서로의 성장에 큰 영향을 미칩니다.

또한, 친구들과의 갈등이나 오해를 통해 인간관계의 복잡함을 배우고, 소통 능력을 키우는 기회가 됩니다.

3. 첫사랑

고등학교시절 가슴설레는 첫사랑의 경험을 합니다. 이 시기의 첫사랑은 순수하고 설레는 감정으로 가득 차 있으며, 많은 학생들에게 잊지 못할 추억이 됩니다.

첫사랑은 상대방에 대한 호기심과 애정, 그리고 때로는 불안과 두려움을 동반합니다.

이러한 경험은 사랑의 의미를 배우고, 감정을 표현하는 방법을 익히는 데 중요한 역할을 합니다. 첫사랑의 경험은 이후의 연애 관계에도 영향을 미치며, 개인의 감정적 성장에 기여합니다.

핵심 포인트

고등학교 생활은 학업, 친구, 첫사랑 등 다양한 경험이 얽혀 있는 복잡한 시기입니다. 이 모든 요소들은 개인의 성장과 자아 발견에 중요한 영향을 미치며, 성인이 되었을 때의 삶의 방향성을 결정짓는 데 큰 역할을 합니다.

이러한 경험들은 때로는 힘들고 혼란스러울 수 있지만, 결국에는 자신을 이해하고 성장하는 데 중요한 밑거름이 됩니다.

3-3. 꿈과 목표
[미래에 대한 계획과 희망]

　꿈과 목표, 미래에 대한 계획과 희망은 개인의 삶에서 중요한 역할을 합니다.
　이들은 개인의 방향성을 제시하고, 동기부여를 제공하며, 어려운 상황에서도 계속 나아갈 수 있는 힘을 줍니다. 다음은 꿈과 목표, 미래에 대한 계획과 희망에 대한 이야기입니다.

1. 꿈과 목표

꿈은 개인이 이루고자 하는 이상적인 상태나 목표를 의미합니다. 이는 직업, 삶의 방식, 또는 개인적인 성취와 관련될 수 있습니다. 목표는 이러한 꿈을 현실로 만들기 위한 구체적인 단계나 계획을 말합니다. 예를 들어, 의사가 되고 싶다는 꿈이 있다면, 그 꿈을 이루기 위해 필요한 학업 계획, 필요한 경험, 그리고 자격증 취득 등의 목표를 설정할 수 있습니다.

목표는 단기적, 중기적, 장기적으로 나눌 수 있으며, 각 목표는

서로 연결되어 있습니다.

  단기 목표는 장기 목표를 이루기 위한 발판이 되며, 이를 통해 성취감을 느끼고 자신감을 키울 수 있습니다.

  목표를 설정할 때는 SMART 원칙(구체적, 측정 가능, 달성 가능, 관련성, 시간제한)을 고려하는 것이 도움이 됩니다.

2. 미래에 대한 계획

  미래에 대한 계획은 꿈과 목표를 실현하기 위한 구체적인 행동 계획입니다. 이는 교육, 경력, 재정, 개인적 성장 등 다양한 분야에 걸쳐 있을 수 있습니다. 예를 들어, 대학 진학을 목표로 한다면, 어떤 전공을 선택할지, 어떤 학교에 지원할지, 필요한 과외 활동이나 인턴십은 무엇인지 등을 계획해야 합니다.

  미래 계획은 유연하게 조정할 수 있어야 하며, 변화하는 환경이나 개인의 상황에 따라 수정될 수 있습니다. 또한, 계획을 세우는 과정에서 자신이 진정으로 원하는 것이 무엇인지 깊이 고민하는 것이 중요합니다.

3. 희망

희망은 미래에 대한 긍정적인 기대와 믿음을 의미합니다. 희망은 어려운 상황에서도 포기하지 않고 계속 나아갈 수 있는 힘을 줍니다. 꿈과 목표가 불확실할 때, 희망은 그 길을 밝히는 등불과 같습니다. 희망을 가지고 있으면, 실패나 어려움이 닥쳤을 때에도 다시 일어설 수 있는 용기를 얻을 수 있습니다.

희망을 유지하기 위해서는 긍정적인 사고방식과 자기 자신에 대한 믿음이 필요합니다. 주변의 지지와 격려도 큰 도움이 됩니다.

또한, 작은 성취를 통해 희망을 키우고, 긍정적인 경험을 쌓아가는 것이 중요합니다.

핵심 포인트

꿈과 목표, 미래에 대한 계획과 희망은 개인의 삶에서 중요한 요소입니다. 이들은 서로 연결되어 있으며, 개인의 성장과 발전에 큰 영향을 미칩니다. 꿈을 이루기 위한 목표를 설정하고, 그 목표를 달성하기 위한 계획을 세우며, 희망을 잃지 않고 나아가는 과정은 삶을 더욱 의미 있게 만들어 줍니다. 이러한 과정을 통해 개인은 자신을 발견하고, 더 나은 미래를 향해 나아갈 수 있습니다.

4. 성인 초기 (21~30세)

4-1. 세 번째 사진
      [사회에 첫발을 내딛다, 대학 생활 및 전공선택]

4-2. 첫 직장 경험
      [직장 생활의 도전과 배움]

4-3. 중요한 인연
      [친구와의 우정 사랑의 시작]

○ 자서전을 통해 보는 위기 극복 사례

4. 성인 초기 (21~30세)

4-1. 세 번째 사진
[사회에 첫발을 내딛다, 대학 생활 및 전공선택]

대학 생활과 전공선택은 개인의 미래에 큰 영향을 미치는 중요한 결정입니다. 사회에 첫발을 내딛는 과정에서 고려해야 할 여러 요소와 경험이 있습니다. 다음은 대학 생활과 전공선택에 대한이야기입니다.

1. 대학 생활의 의미
대학 생활은 단순히 학문을 배우는 것 이상의 경험을 제공합니다. 이는 새로운 사람들을 만나고, 다양한 문화와 관점을 접하며, 개인의 정체성을 형성하는 중요한 시기입니다. 대학에서는 학문적

지식뿐만 아니라, 사회적 기술, 문제 해결 능력, 팀워크 등을 배울 수 있는 기회가 많습니다.

대학 생활은 또한 자율성과 책임감을 기르는 과정입니다. 스스로 시간 관리를 하고, 학업과 개인 생활을 조화롭게 유지하는 능력을 키우는 것이 중요합니다. 이러한 경험은 졸업 후 사회에 나갔을 때 큰 도움이 됩니다.

2. 전공선택의 중요성

전공선택은 개인의 진로와 직업에 큰 영향을 미칩니다. 전공은 개인의 관심사와 적성, 그리고 미래의 직업 시장을 고려하여 신중하게 선택해야 합니다. 다음은 전공 선택 시 고려해야 할 몇 가지 요소입니다.

○ 자신의 흥미와 적성

자신이 좋아하고 잘하는 분야를 선택하는 것이 중요합니다. 흥미가 있는 전공은 학업을 지속하는 데 큰 동기부여가 됩니다.

○ 직업 전망

전공선택 시 해당 분야의 직업 전망을 고려하는 것이 필요합니다. 미래에 수요가 높은 직업군을 선택하면 취업에 유리할 수 있습니다.

○ 학문적 깊이

전공이 제공하는 학문적 깊이와 연구 기회도 중요합니다. 특정 분야에 대한 깊이 있는 지식을 쌓는 것은 전문성을 높이는 데 도움이 됩니다.

○ **다양한 경험**

전공선택 후에는 다양한 경험을 쌓는 것이 중요합니다. 인턴십, 동아리 활동, 연구 프로젝트 등을 통해 실무 경험을 쌓고, 네트워크를 형성하는 것이 좋습니다.

3. 대학 생활에서의 경험

대학 생활은 다양한 경험을 통해 개인의 성장에 기여합니다. 다음은 대학 생활에서 얻을 수 있는 몇 가지 경험입니다.

○ **인턴십**

전공과 관련된 인턴십은 실무 경험을 쌓고, 직업 세계를 이해하는 데 큰 도움이 됩니다. 인턴십을 통해 자신의 적성과 흥미를 확인할 수 있습니다.

○ **동아리 및 학회 활동**

다양한 동아리와 학회에 참여함으로써 새로운 사람들을 만나고, 리더십과 팀워크를 배울 수 있습니다. 이러한 경험은 사회적 기술을 키우는 데 도움이 됩니다.

○ 자원봉사

자원봉사는 사회에 기여하는 동시에 개인의 가치관을 확립하는 데 도움이 됩니다. 다양한 사람들과의 만남을 통해 시야를 넓힐 수 있습니다.

○ 교환학생 프로그램

해외에서의 학습 경험은 글로벌 감각을 키우고, 다양한 문화에 대한 이해를 높이는 데 기여합니다.

핵심 포인트

대학 생활과 전공선택은 개인의 미래에 중요한 영향을 미치는 과정입니다. 자신의 흥미와 적성을 고려하여 전공을 선택하고, 다양한 경험을 통해 성장하는 것이 중요합니다. 이러한 과정은 사회에 첫발을 내딛는 데 큰 도움이 되며, 개인의 진로와 삶의 방향성을 결정짓는 데 중요한 역할을 합니다. 대학 생활을 통해 얻은 경험과 지식은 앞으로의 삶에 큰 자산이 될 것입니다.

위 내용을 바탕으로 대학 시절 고이 간직해 놓았던 숨겨둔 아름다운 비밀을 꺼낼 준비가 되셨는지요.

4-2. 첫 직장 경험
[직장 생활의 도전과 배움]

첫 직장 경험은 많은 사람들에게 중요한 전환점이자 성장의 기회입니다.

직장 생활은 단순히 일을 하는 것 이상의 의미를 가지며, 다양한 도전과 배움을 통해 개인의 역량을 키우는 과정입니다. 다음은 첫 직장 경험과 직장 생활에서의 도전 및 배움에 대한 이야기입니다.

1. 첫 직장 경험의 의미

첫 직장은 직업 세계에 첫 발을 내딛는 곳으로, 많은 사람들에게 새로운 환경과 문화에 적응하는 중요한 경험이 됩니다. 처음으로 직장에 들어가면, 이론적으로 배운 지식을 실제로 적용해 보는 기회를 가지게 되며, 이는 개인의 성장에 큰 영향을 미칩니다.

2. 직장 생활의 도전

직장 생활에서 마주하는 도전은 다양합니다. 다음은 일반적으로 경험할 수 있는 몇 가지 도전입니다.

ㅇ 업무 적응

새로운 업무 환경과 직무에 적응하는 것은 첫 직장에서 가장 큰 도전 중 하나입니다. 처음에는 업무 프로세스와 팀원들과의 협업 방식에 익숙해지는 데 시간이 걸릴 수 있습니다.

ㅇ 시간 관리

직장에서는 여러 가지 업무를 동시에 처리해야 할 때가 많습니다. 효과적인 시간 관리 능력을 기르는 것이 중요하며, 이를 통해 업무의 우선순위를 정하고 효율적으로 일할 수 있습니다.

ㅇ 커뮤니케이션

다양한 배경을 가진 동료들과의 원활한 소통은 직장 생활에서 필수적입니다. 의견을 조율하고, 피드백을 주고받는 과정에서 커뮤니케이션 능력을 키우는 것이 중요합니다.

ㅇ 스트레스 관리

직장 생활에서는 때때로 스트레스를 받을 수 있는 상황이 발생

합니다. 이를 잘 관리하는 방법을 배우는 것이 필요하며, 스트레스를 해소할 수 있는 개인적인 방법을 찾는 것이 중요합니다.

지금 그 시절 직장 생활했던 시기를 생각하면서 나는 스트레스 받았을 때 어떻게 현명하게 대처했는지 찾아보세요.

3. 직장 생활에서의 배움

첫 직장에서의 경험은 많은 배움을 제공합니다. 다음은 직장 생활에서 얻을 수 있는 주요 배움입니다.

○ 전문성 향상

실제 업무를 통해 특정 분야에 대한 전문성을 키울 수 있습니다. 경험을 쌓고, 새로운 기술이나 지식을 배우는 과정은 개인의 경력 발전에 큰 도움이 됩니다.

○ 팀워크와 협업

직장에서는 팀원들과 협력하여 목표를 달성해야 합니다. 팀워크의 중요성을 배우고, 서로의 강점을 활용하는 방법을 익히는 것이 중요합니다.

○ **문제 해결 능력**

업무 중 발생하는 다양한 문제를 해결하는 과정에서 문제 해결 능력을 기를 수 있습니다. 창의적인 사고와 분석 능력을 통해 효과적인 해결책을 찾는 경험은 큰 자산이 됩니다.

○ **피드백 수용**

상사나 동료로부터 받는 피드백을 통해 자신의 강점과 약점을 파악하고, 이를 개선하는 과정은 개인의 성장에 중요한 역할을 합니다.

4. 첫 직장 경험의 중요성

첫 직장 경험은 이후의 경력에 큰 영향을 미칩니다. 이 경험을 통해 얻은 교훈과 기술은 앞으로의 직장 생활에서도 계속해서 활용될 수 있습니다.

또한, 첫 직장에서의 긍정적인 경험은 직업에 대한 열정을 키우고, 더 나아가 경력 목표를 설정하는 데 도움이 됩니다.

핵심 포인트

첫 직장 경험은 도전과 배움의 연속입니다. 다양한 어려움을 극복하고, 새로운 기술과 지식을 습득하는 과정은 개인의 성장에 큰 기여를 합니다. 이러한 경험은 직장 생활을 통해 얻은 소중한 자산이 되며, 앞으로의 경력에 긍정적인 영향을 미칠 것입니다.

첫 직장에서의 경험을 통해 자신감을 얻고, 지속적으로 발전해 나가는 것이 중요합니다.

첫 직장에서의 동료와 또는 업무하는 내 모습의 사진 한 장으로 스토리텔링 충분합니다.

4-3. 중요한 인연
[친구와의 우정, 사랑의 시작]

중요한 인연, 친구와의 우정, 그리고 사랑의 시작은 인생에서 매우 의미 있는 경험들입니다. 이들은 서로 연결되어 있으며, 개인의 성장과 행복에 큰 영향을 미칩니다. 다음은 이러한 주제에 대한 이야기입니다.

1. 중요한 인연

인생에서 만나는 사람들은 각기 다른 배경과 경험을 가지고 있으며, 이들과의 인연은 우리의 삶에 깊은 영향을 미칩니다. 중요한 인연은 때로는 우연히 시작되기도 하고, 때로는 오랜 시간 동안 쌓아온 관계에서 비롯되기도 합니다. 이러한 인연은 다음과 같은 방식으로 우리의 삶을 풍요롭게 합니다.

○ **서로의 성장**

중요한 인연은 서로의 성장에 기여합니다. 친구나 멘토와의 관계를 통해 새로운 시각을 배우고, 도전과제를 함께 극복하며 성장할 수 있습니다.

○ **정서적 지지**

힘든 시기에 곁에 있어주는 사람은 큰 힘이 됩니다. 중요한 인연은 정서적 지지를 제공하며, 어려운 순간에 함께 해주는 친구나 사랑하는 사람의 존재는 큰 위안이 됩니다.

2. 친구와의 우정

우정은 인생에서 가장 소중한 관계 중 하나입니다.

친구와의 우정은 다양한 경험을 공유하고, 서로의 삶에 긍정적인 영향을 미치는 중요한 요소입니다.

○ **공유된 경험**

친구와 함께하는 시간은 소중한 추억을 만듭니다. 여행, 취미 활동, 또는 일상적인 대화까지, 이러한 경험들은 우정을 더욱 깊게 만들어 줍니다.

○ **서로의 차이 존중**

친구와의 관계에서는 서로의 차이를 존중하고 이해하는 것이 중요합니다. 다양한 배경과 성격을 가진 친구들과의 관계는 개인의 시야를 넓히고, 더 나은 인간관계를 형성하는 데 도움이 됩니다.

○ **신뢰와 지지**

진정한 친구는 서로를 신뢰하고 지지합니다. 어려운 상황에서 도움을 주고받는 관계는 우정의 깊이를 더해줍니다.

3. 사랑의 시작

사랑은 인생에서 가장 강력한 감정 중 하나로, 사람의 삶에 큰 변화를 가져올 수 있습니다.

사랑의 시작은 종종 특별한 순간이나 경험에서 비롯됩니다.

○ 첫눈에 반하다

사랑의 시작은 종종 첫눈에 반하는 순간에서 시작됩니다. 누군가에게 강한 끌림을 느끼고, 그 사람과의 관계를 발전시키고 싶어지는 것이죠.

○ 공통의 관심사

사랑은 종종 공통의 관심사나 가치관에서 시작됩니다. 함께하는 활동이나 대화를 통해 서로를 알아가고, 깊은 유대감을 형성하게 됩니다.

○ 서로의 성장

사랑하는 사람과의 관계는 서로의 성장을 촉진합니다. 서로의 꿈과 목표를 지지하고, 함께 성장하는 경험은 사랑의 깊이를 더해 줍니다.

4. 인연의 소중함

중요한 인연, 친구와의 우정, 사랑의 시작은 모두 인생에서 소중한 경험입니다. 이들은 서로 연결되어 있으며, 개인의 삶에 긍정적인 영향을 미칩니다. 이러한 관계를 통해 우리는 더 나은 사람으로 성장하고, 삶의 의미를 찾을 수 있습니다.

> **핵심 포인트**

인생에서 만나는 사람들과의 관계는 우리의 삶을 풍요롭게 하고, 다양한 감정을 경험하게 합니다. 중요한 인연과 친구, 사랑의 시작은 모두 서로의 삶에 깊은 영향을 미치며, 이러한 관계를 소중히 여기는 것이 중요합니다. 인연을 통해 우리는 더 나은 자신이 되고, 행복한 삶을 살아갈 수 있습니다.

나의 자서전에 사진 한 장으로 등장할 수 있는 좋은 인연 있지요.

자서전을 통해 보는 위기 극복 사례

자서전을 통해 보는 위기 극복 사례는 작가들의 개인적 또는 창작적 위기를 어떻게 극복했는지를 자서전이나 회고록으로 쓴 유명 예술가의 위기 극복 사례를 소개합니다. 이 이야기는 위기가 어떻게 변화와 예술적 성장으로 이어질 수 있는지 보여주는 강력한 사례입니다.

사례1.

'프리다 칼로'(멕시코) 20대에 위기 극복 사례

프리다 칼로는 20대에 겪은 위기는 다음과 같습니다. 프리다는 18세에 치명적인 버스 사고를 겪었고, 그 사고로 인해 평생 동안 많은 수술로 인하여 만성 통증을 겪게 되었습니다. 칼로는 회복 기간 동안 예술적 반응을 받아들이게 됩니다. 그림을 그리기 시작했습니다. 그녀의 육체적 고통과 감정적 혼란은 작품의 중심 주제가 되었습니다. 칼로의 많은 작품들이 자신의 수술과 고통을 승화 시켜 그녀의 독창적인 작품세계를 완성하게 되는 토대가 되었습니다. 영화 줄리 테이머 감독 [프리다] 참조

교훈

그녀의 평생의 고통은 창의성의 에너지원이 되었습니다. 프리다

는 자화상을 통해 정체성, 사랑, 생존의 문제 등 그녀의 작품은 고립되고 움직이지 않는 상황에서도 창의성이 꽃필 수 있음을 일깨워 줍니다.

사례 2.

'빈센트 반 고흐'(네덜란드) 20대의 위기 극복 사례

빈센트 반 고흐는 20대에 깊은 정서적, 영적 혼란을 겪었습니다. 그는 설교자로서 실패했고, 정신 건강과 빈곤으로 어려움을 겪었습니다. 여러 차례의 좌절 끝에 그는 20대 후반, 그는 철저한 자기 수양을 통해 예술에 입문했습니다. 독학으로 그림을 익힌 그는 색채와 선을 정신적, 감정적 표현의 한 형태로 삼아 강박적으로 그림을 그리기 시작했습니다.

빈센트 반 고흐는 동생 테오에게 보낸 진심 어린 편지를 통해 그림은 단순한 기술이 아니라 영혼의 필수품 임을 표현했습니다. 절망 속에서도 그는 해바라기, 밤하늘, 농부, 그리고 자신의 고통스러운 얼굴을 통해 삶의 아름다움을 그렸습니다.

교 훈

빈센트 반 고흐는 20대에 많은 실패와 상처를 겪었지만, 그 모든 것을 예술의 언어로 바꾸며 자신만의 길을 만들어갔습니다. "고통 없이 그려진 그림은 진정한 감동을 줄 수 없다."라고 하는

그는 깊은 위기는 진실과 아름다움에 대한 평생의 헌신을 낳을 수 있다는 것을 들려주고 있습니다.

위기 극복 사례 1, 2

프리다와 빈센트는 둘 다 20대에 감정적, 육체적, 정신적 위기에 직면했습니다. 하지만 그들은 예술을 통해 그 위기에 대응하기로 선택했습니다. 좌절과 고립을 상상으로, 고통을 영원으로 승화시킨 것입니다.

자서전 핵심 교훈

역경을 극복한 작가들은 개인적 트라우마를 이야기로 풀어내는 것이 어떻게 변화를 가져올 수 있는지 극복의 시간을 우리에게 잘 보여줍니다. 그들은 실패를 인정하고 도움을 구하는 것이 약함이 아니라 용기라는 것을 이야기하고 있습니다.
또한 고통에 대해 진실하게 글을 쓰거나 말하는 것은 다른 사람들에게 공감을 얻고 힘을 줄 수 있으며, 이것이 그들이 우리에게 주는 희망의 메시지입니다.

5. 중년 1기 (31~40세)

5-1. 네 번째 사진

    [가족의 시작 결혼과 자녀 출생]

5-2. 경력 발전

    [직장에서의 성장과 성취]

5-3. 어려움과 극복

    [위기 상황과 그것을 극복한 이야기]

  ㅇ 자서전을 통해 보는 위기 극복 사례

5. 중년 1기 (31~40세)

5-1. 네 번째 사진
[가족의 시작, 결혼과 자녀 출생]

가족의 시작, 결혼, 그리고 자녀 출생은 인생에서 매우 중요한 전환점이며, 개인의 삶에 깊은 의미를 부여하는 경험입니다. 이 과정은 사랑과 책임, 그리고 새로운 삶의 시작을 포함하고 있습니다. 다음은 이러한 주제에 대한 이야기입니다.

1. 가족의 시작
가족은 개인의 삶에서 가장 기본적이고 중요한 단위입니다. 가족의 시작은 두 사람이 서로의 사랑과 신뢰를 바탕으로 새로운 관계를 형성하는 것에서 시작됩니다.

○ **사랑의 결실**

가족의 시작은 종종 두 사람의 사랑에서 비롯됩니다. 서로에 대한 깊은 이해와 존중이 바탕이 되어, 결혼이라는 새로운 단계로 나아가게 됩니다.

○ **공동의 목표**

결혼은 단순한 법적 계약이 아니라, 두 사람이 함께 미래를 계획하고, 공동의 목표를 세우는 과정입니다. 이 과정에서 서로의 가

치관과 꿈을 공유하고, 함께 성장해 나가는 것이 중요합니다.

2. 결혼

결혼은 두 사람이 법적으로나 사회적으로 하나의 가족으로 인정받는 중요한 의식입니다. 결혼은 사랑의 표현이자, 서로에 대한 책임을 다짐하는 순간입니다.

○ 의식과 축하

결혼식은 두 사람의 사랑을 축하하는 특별한 행사입니다. 가족과 친구들이 함께 모여 이들의 새로운 시작을 축하하고, 서로의 결합을 지지합니다.

○ 책임과 의무

결혼은 서로에 대한 책임과 의무를 다짐하는 것입니다. 이는 서로를 지지하고, 어려운 순간에도 함께하는 것을 의미합니다. 결혼생활은 때로는 도전이 될 수 있지만, 서로의 사랑과 이해로 극복할 수 있습니다.

3. 자녀 출생

결혼 후 자녀의 출생은 가족의 또 다른 중요한 전환점입니다. 자녀는 가족의 새로운 구성원으로, 사랑과 희망의 상징이 됩니다.

○ 새로운 삶의 시작

자녀의 출생은 부모에게 새로운 책임과 기쁨을 가져다줍니다. 부모는 자녀를 양육하고 교육하며, 그들의 성장과 발전을 지켜보는 과정에서 큰 보람을 느낍니다.

○ **가족의 유대감**

자녀가 태어나면 가족 간의 유대감이 더욱 깊어집니다. 부모는 자녀를 통해 서로의 사랑을 다시 확인하고, 가족으로서의 정체성을 더욱 확고히 하게 됩니다.

○ **세대의 연결**

자녀는 가족의 전통과 가치를 이어가는 중요한 역할을 합니다. 부모는 자녀에게 자신의 경험과 지혜를 전수하며, 세대 간의 연결을 강화합니다.

4. 가족의 의미

가족은 사랑과 지지, 그리고 함께하는 경험을 통해 개인의 삶에 깊은 의미를 부여합니다. 가족은 서로의 삶을 풍요롭게 하고, 어려운 순간에도 함께 극복할 수 있는 힘을 줍니다.

핵심 포인트

가족의 시작, 결혼, 그리고 자녀 출생은 인생에서 가장 중요한 경험 중 하나입니다. 이들은 서로 연결되어 있으며, 개인의 성장과 행복에 큰 영향을 미칩니다. 가족은 사랑과 책임, 그리고 함께하는 삶의 소중함을 일깨워 주며, 인생의 여정에서 가장 큰 힘이 되어 줍니다. 이러한 관계를 소중히 여기고, 서로를 지지하며 함께 성장하는 것이 중요합니다.

가족의 형성 과정에서 기억나는 귀중한 스토리를 정리하여 아름다운 메시지로 감동의 글을 작성해 보세요.

5-2. 경력 발전
[직장에서의 성장과 성취]

경력 발전과 직장에서의 성장, 성취는 개인의 직업적 삶에서 매우 중요한 요소입니다. 이러한 과정은 개인의 능력과 경험을 쌓고, 직업적 목표를 달성하는 데 기여합니다. 다음은 경력 발전과 직장에서의 성장, 성취에 대한 이야기입니다.

1. 경력 발전의 중요성

경력 발전은 개인의 직업적 목표를 달성하기 위한 지속적인 과정입니다. 이는 단순히 직위의 상승뿐만 아니라, 개인의 전문성과 역량을 강화하는 것을 포함합니다.

○ 전문성 향상

경력 발전은 새로운 기술과 지식을 습득하는 기회를 제공합니다. 이를 통해 개인은 자신의 분야에서 더 높은 전문성을 갖추게 되고, 이는 직장에서의 경쟁력을 높이는 데 기여합니다.

○ 자기 계발

경력 발전은 자기 계발의 기회를 제공합니다. 다양한 교육 프로그램, 워크숍, 세미나에 참여함으로써 개인은 자신의 역량을 확장하고, 새로운 도전에 대비할 수 있습니다.

2. 직장에서의 성장

직장에서의 성장은 개인의 경력 발전과 밀접하게 연결되어 있습니다. 이는 직무에서의 경험을 통해 이루어지며, 다양한 역할과 책임을 맡는 과정에서 더욱 성장하게 됩니다.

○ **멘토링과 피드백**

직장에서의 성장은 멘토와의 관계를 통해 이루어질 수 있습니다. 경험이 풍부한 멘토는 개인에게 귀중한 조언과 피드백을 제공하여, 성장의 기회를 마련해 줍니다.

○ **팀워크와 협업**

다양한 팀 프로젝트에 참여함으로써 개인은 협업 능력을 키우고, 다른 사람들과의 관계를 통해 새로운 시각을 얻을 수 있습니

다. 이는 직장에서의 성장에 중요한 역할을 합니다.

3. 성취의 경험

성취는 경력 발전과 직장에서의 성장의 결과로 나타납니다. 이는 개인의 노력과 헌신이 결실을 맺는 순간입니다.

○ 목표 달성

개인이 설정한 목표를 달성하는 것은 큰 성취감을 줍니다. 이는 직무에서의 성과, 프로젝트의 성공, 또는 새로운 기술 습득 등 다양한 형태로 나타날 수 있습니다.

나의 성취 경험은 어떻게 나타났는지를 메모하여 원고 작성에 참고하시기 바랍니다.

○ 인정과 보상

성취는 종종 직장에서의 인정과 보상으로 이어집니다. 상사나 동료로부터의 긍정적인 피드백, 승진, 보너스 등은 개인의 동기를 높이고, 더 큰 목표를 향해 나아가게 합니다.

4. 경력 발전을 위한 전략

경력 발전을 위해 개인이 취할 수 있는 몇 가지 전략은 다음과 같습니다. 자서전에 나의 경력 발전을 위해 내가 노력했던 것, 경험을 다음과 같이 나열한 모듈에 맞추어 작성하시길 바랍니다.

○ 목표 설정

명확한 단기 및 장기 목표를 설정하고, 이를 달성하기 위한 계획을 세우는 것이 중요합니다. 목표는 개인의 경력, 경험을 나열합니다.

○ 네트워킹

다양한 사람들과의 네트워킹을 통해 새로운 기회를 찾고, 정보를 공유하는 것이 중요합니다. 이는 경력 발전에 큰 도움이 됩니다.

○ 지속적인 학습

변화하는 직업 환경에 적응하기 위해 지속적으로 학습하고, 새로운 기술을 습득하는 것이 필요합니다. 이는 개인의 경쟁력을 높이는 데 기여합니다.

핵심 포인트

경력 발전, 직장에서의 성장, 그리고 성취는 개인의 직업적 삶에서 중요한 요소입니다. 이러한 과정은 개인의 전문성을 높이고, 직업적 목표를 달성하는 데 기여합니다. 지속적인 자기 계발과 목표 설정, 네트워킹을 통해 개인은 자신의 경력을 발전시킬 수 있으며, 이는 궁극적으로 더 큰 성취로 이어질 것입니다. 경력 발전은 단순한 직위 상승이 아니라, 개인의 성장과 발전을 위한 지속적인 여정임을 기억하는 것이 중요합니다.

이 시기의 나의 경력 발전을 위한 경험을 쓴다면 무엇을 우선순위로 이야기해야 할지 기억을 찾아 타임라인 위에 나열해 놓으세요.

5-3. 어려움과 극복
[위기 상황과 그것을 극복한 이야기]

어려움과 극복, 위기 상황을 다루는 이야기는 많은 사람들에게 영감을 주고, resilience(회복력)의 중요성을 일깨워 줍니다. 다음은 일반적인 어려움과 위기 상황, 그리고 그것을 극복한 사례에 대한 이야기입니다.

1. 어려움의 정의

어려움은 개인이나 조직이 직면하는 도전이나 장애물로, 이는 다양한 형태로 나타날 수 있습니다. 예를 들어, 직장에서의 성과 저하, 개인적인 건강 문제, 재정적 어려움 등이 있습니다. 이러한 어려움은 종종 스트레스와 불안을 유발하며, 극복하기 위해서는 강한 의지와 전략이 필요합니다.

2. 위기 상황의 예

위기 상황은 예기치 않게 발생하는 사건으로, 개인이나 조직에 심각한 영향을 미칠 수 있습니다.

○ 직장에서의 위기

회사의 재정적 어려움으로 인한 대규모 해고, 프로젝트의 실패로 인한 신뢰도 하락 등이 있습니다.

○ 개인적인 위기

가족의 건강 문제, 갑작스러운 실직, 또는 자연재해로 인한 피해 등이 포함됩니다.

3. 극복의 과정

어려움과 위기 상황을 극복하는 과정은 다음과 같은 단계로 나눌 수 있습니다.

○ 인식과 수용

어려움이나 위기를 인식하고, 이를 수용하는 것이 첫 번째 단계입니다. 문제를 직면하고, 감정을 솔직하게 표현하는 것이 중요합니다. 예를 들어, 직장에서의 성과 저하를 인정하고, 이를 해결하기 위한 노력을 시작하는 것입니다.

○ 분석과 계획

문제를 분석하고, 해결책을 모색하는 단계입니다. 이 과정에서 상황을 객관적으로 평가하고, 가능한 해결 방안을 찾아야 합니다. 예를 들어, 재정적 어려움에 직면한 경우, 예산을 재조정하고, 추가 수입을 창출할 방법을 모색할 수 있습니다.

○ 실행과 조정

계획을 실행하고, 필요에 따라 조정하는 단계입니다. 이 과정에서 유연성을 유지하고, 상황에 맞게 전략을 수정하는 것이 중요합니다. 예를 들어, 새로운 직업을 찾기 위해 네트워킹을 강화하고, 이력서를 업데이트하는 등의 행동을 취할 수 있습니다.

○ **회복과 성장**

어려움이나 위기를 극복한 후에는 회복하고, 이를 통해 성장하는 단계입니다. 이 과정에서 얻은 교훈을 바탕으로 미래의 도전에 대비할 수 있습니다. 예를 들어, 위기를 겪은 후 더 강한 자신감을 얻고, 새로운 목표를 설정하는 것입니다.

4. 극복 사례

다양한 사람들의 극복 이야기는 많은 이들에게 자서전 쓰는 것에 큰 영감을 줍니다.

○ **직장 내 위기 극복**

한 기업의 팀이 프로젝트 실패로 인해 큰 위기를 겪었지만, 팀원들이 함께 모여 문제를 분석하고, 새로운 전략을 세워 프로젝트를 재구성했습니다. 그 결과, 이전보다 더 나은 성과를 내며 팀워크가 강화되었습니다.

○ **개인적인 위기 극복**

한 개인이 갑작스러운 실직을 겪었지만, 이를 기회로 삼아 새로운 기술을 배우고, 창업에 도전했습니다. 초기의 어려움에도 불구하고, 그는 자신의 사업을 성공적으로 운영하게 되었습니다.

[가장 일반적인 글 쓰는 표현 방법이지요. 다음 '자서전을 통해 보는 위기 극복 사례'를 참고로 나의 사례를 독자들에게 감동 있게 소개 글을 쓰기 바랍니다.]

핵심 포인트

어려움과 위기 상황은 누구에게나 찾아올 수 있는 도전입니다. 이러한 상황을 극복하는 과정은 개인의 성장과 회복력을 키우는 중요한 기회가 될 수 있습니다. 인식, 분석, 실행, 회복의 단계를 통해 어려움을 극복하고, 더 나은 미래를 향해 나아갈 수 있습니다. 이러한 경험은 결국 개인의 삶에 긍정적인 변화를 가져오고, 더 강한 자신을 만들어 줍니다.

나를 강하게 만들어줄 위기 극복의 사례를 나열해 보세요.

자서전을 통해 보는 위기 극복 사례

30대 위기 극복의 사례

○ 레너드 코헨 (캐나다)

레너드 코헨(Leonard Cohen)은 30대에 특별한 방식으로 위기를 맞았고, 또 그만의 독특한 방식으로 극복한 인물입니다. 그는 단순한 가수가 아니라 시인, 소설가, 영성 탐구자였고, 그의 삶은 예술과 고독, 신념과 방황의 경계에서 이뤄진 치열한 여정이었습니다.

코헨은 시가 인정받는 와중에도 우울증과 외로움에 시달렸다고 합니다. "나는 시로 사람의 마음을 움직일 수 없다는 것을 알았다. 음악이 나를 부른 것이다." 이때 음악으로 진로를 변경하게 됩니다. 사랑과 고독의 상처는 자신의 시와 노래로 마음과 감정을 승화 시키는 계기로 만들어냅니다.

교훈

대중의 성공이 항상 내면의 평화를 가져오는 것은 아니라는 점, 그리고 30대에는 명확한 답이 없는 고통의 연속이었고, 고독은 자기발견을 위한 신성한 공간이 될 수 있었다는 것을 보여주는 사례입니다.

6. 중년 2기 (41-50세)

6-1. 다섯 번째 사진

    [성숙한 삶 자녀의 성장과 독립]

6-2. 인생의 전환점

    [새로운 도전과 변화]

○ 전환점 명확하게 파악하기

6-3. 사회적 기여

    [봉사활동 커뮤니티 참여]

○ 자서전을 통해 보는 위기 극복 사례

6. 중년 후기 (41-50세)

6-1. 다섯 번째 사진
 　　[성숙한 삶 자녀의 성장과 독립]

성숙한 삶과 자녀의 성장, 그리고 독립에 대한 이야기는 많은 부모와 자녀에게 중요한 주제입니다.

이 과정은 서로의 관계를 깊게 하고, 각자의 삶에서 중요한 변화를 가져오는 여정입니다.

다음은 이 주제에 대한 몇 가지 관점과 이야기를 나누어 보겠습니다.

1. 성숙한 삶의 의미

성숙한 삶은 단순히 나이가 많아지는 것이 아니라, 경험을 통해 얻은 지혜와 감정적 안정, 그리고 책임감을 포함합니다. 성숙한 사람은 자신의 감정을 이해하고 조절할 수 있으며, 타인과의 관계에서 공감과 이해를 바탕으로 행동합니다. 이러한 성숙함은 자녀에게도 중요한 모델이 됩니다.

2. 자녀의 성장 과정

자녀의 성장은 여러 단계로 나뉘며, 각 단계마다 부모의 역할이 다릅니다.

1) 유아기

이 시기는 자녀가 기본적인 신뢰와 애착을 형성하는 단계입니다. 부모는 자녀에게 안전한 환경을 제공하고, 사랑과 지지를 통해 자녀의 정서적 기초를 다져야 합니다.

2) 아동기

아동기는 자녀가 사회적 기술을 배우고, 친구와의 관계를 형성하는 시기입니다.

부모는 자녀가 다양한 경험을 통해 배우도록 격려하고, 실패를 통해 성장할 수 있도록 지지해야 합니다.

3) 청소년기

청소년기는 자아 정체성을 확립하고, 독립성을 추구하는 중요한 시기입니다.

이 시기에 부모는 자녀에게 자유를 주되, 동시에 책임감을 가르치는 균형 잡힌 접근이 필요합니다. 자녀가 자신의 선택에 대해 생각하고, 그 결과를 받아들이도록 돕는 것이 중요합니다.

3. 자녀의 독립

자녀가 독립하는 과정은 부모에게는 기쁨이자 동시에 걱정이 될 수 있습니다. 자녀가 독립하기 위해서는 다음과 같은 요소들이 필요합니다.

1) 자립심

자녀가 스스로 결정을 내리고, 문제를 해결할 수 있는 능력을 키우는 것이 중요합니다.

이를 위해 부모는 자녀에게 적절한 기회를 제공하고, 실패를 통해 배우도록 격려해야 합니다.

2) 경제적 독립

자녀가 경제적으로 독립하기 위해서는 재정 관리 능력을 배워야 합니다. 부모는 자녀에게 예산을 세우고, 저축하는 방법을 가르치는 것이 좋습니다.

3) 정서적 독립

정서적으로 독립하기 위해서는 자녀가 자신의 감정을 이해하고, 건강한 대인 관계를 형성할 수 있어야 합니다. 부모는 자녀가 자신의 감정을 표현하고, 타인과의 관계에서 건강한 경계를 설정하도록 도와야 합니다.

4. 부모의 역할

부모는 자녀의 성장과 독립 과정에서 중요한 역할을 합니다. 다음은 부모가 할 수 있는 몇 가지 방법입니다.

○ 모델링

성숙한 삶을 사는 모습을 보여줌으로써 자녀에게 긍정적인 영향을 미칠 수 있습니다.

○ 지지와 격려

자녀가 도전할 때 지지하고 격려함으로써 자신감을 키울 수 있도록 도와줍니다.

○ 대화

자녀와의 열린 대화를 통해 서로의 생각과 감정을 이해하고, 신뢰를 쌓는 것이 중요합니다.

핵심 포인트

성숙한 삶과 자녀의 성장, 독립은 서로 연결된 과정입니다. 부모는 자녀가 건강하게 성장하고 독립할 수 있도록 지지하고, 필요한 가르침을 제공해야 합니다. 이 과정에서 부모와 자녀 간의 관계는 더욱 깊어지고, 서로의 삶에 긍정적인 영향을 미치게 됩니다. 결국, 자녀가 독립하여 자신의 길을 걸어갈 때, 부모는 그들의 성장을 자랑스럽게 바라볼 수 있을 것입니다.

나의 자서전에 이야기는 우리 부모님이 나에게 하셨던 모든 것을 표현할 수 있고, 또는 과거의 나의 모습에서 내가 나의 자녀들에게 부모의 역할에 대한 진실한 내 이야기로 독자들에게 감동을 표현 해 보세요.

6-2. 인생의 전환점
[새로운 도전과 변화]

인생의 전환점은 누구에게나 찾아오는 중요한 순간입니다. 이러한 전환점은 새로운 도전과 변화를 가져오며, 개인의 성장과 발전에 큰 영향을 미칩니다.

다음은 인생의 전환점에서 새로운 도전과 변화에 대처한 이야기를 몇 가지 관점에서 나누어 보겠습니다.

1. 전환점의 정의

전환점은 인생에서 중요한 결정을 내리거나, 큰 변화를 경험하는 순간을 의미합니다.

이는 직업, 관계, 건강, 가치관 등 다양한 분야에서 발생할 수 있습니다. 이러한 순간은 종종 불확실성과 두려움을 동반하지만, 동시에 새로운 기회와 가능성을 열어줍니다.

2. 자서전 인생 전환점 작성법

자서전에서 전환점을 쓰는 것은 글쓰기에서 가장 중요하고 강력한 부분 중 하나입니다.

독자들이 저자가 어떻게 변했는지, 무엇이 저자를 형성했는지, 그리고 지금 쓰여진 자서전 이야기가 왜 중요한지 이해하는 데 도움이 됩니다.

자서전에서 의미 있는 전환점 작성 핵심포인트

1. 전환점을 명확하게 파악하기

감정적으로, 영적으로, 직업적으로, 혹은 개인적으로 삶의 방향이 바뀌었던 순간을 골라보세요. 나에게 다음과 같은 질문을

한다.
- 무슨 일이에요?
- 왜 이 순간이 전환점이 되었을까?
- 그것은 나에게 또는 내 길에서 무엇을 바꾸었는가?

예: "30년간 일해 온 직장을 그만둔 날…"
예: "처음으로 의사가 '암이에요.'라고 말하는 것을 들었을 때"

2. 변화 전 상황 설정

변화를 설명하기 전에, 전환점 이전의 삶이 어떠했는지 나열해 보여주세요. 이러한 대비는 변화를 더욱 강력하게 만들어줍니다. 당시 나의 일상, 생각, 희망, 어려움은 무엇이었는지?. 그런 상황에서 나는 무엇을 믿거나 기대했는지?.

 독자를 몰입시키려면 시각, 청각, 감정 등 감각적 세부 사항을 활용하세요.

3. 변화의 순간을 설명하기

이제 전환점 자체를 설명해 보세요. 이것이 바로 "피벗" 순간입니다. 나를 중심으로 일어난 일들에 대한 기억 찾기입니다.
- 정확히 무슨 일이 일어났나요?
- 무슨 말이 나왔고, 무슨 일이 일어났나요?

○ 어떤 느낌이었나요?

○ 혼란, 두려움, 안도감, 분노, 평화?

 가능하다면 대화나 내면의 생각을 사용하여 생생하고 실제적으로 표현하세요.

> **피벗(pivot)**
> 원뿔 모양으로 된 회전축. 농구 · 핸드볼 · 배드민턴,
> 구기종목이나 댄스에서, 한 발을 축으로 하여 회전하는 일.

4. 영향을 되돌아보기

그 순간이 지나간 후, 당신의 삶에서 무엇이 바뀌었나요?

○ 관점이 바뀌었나요?

○ 새로운 여행, 습관, 직업, 관계 또는 신념 체계를 시작하셨 나요?

○ 무엇을 잃었고, 무엇을 얻었는가?

○ 바로 여기서 의미가 드러납니다. 성찰은 사건을 교훈으로 바꿉니다.

5. 당신의 인생 이야기 전체와 연결하기

이러한 전환점은 당신의 삶의 큰 그림과 어떻게 맞닿아 있나

요?
  ○ 이는 나중에 전환점을 맞이하게 되었나요?
  ○ 이 순간이 없었다면 당신은 오늘날의 당신이었을까요?
  ○ 내 삶의 전환점은 언제였을까?

○ **우리 인생의 삶이란?,**
  우리는 각자의 전환점이 있기도 하고 아니 어쩌면 있었는데 너무 잘 나가서 그 사실을 모르게 지나갈 수도 있을 것입니다. 이렇듯 각자 다르기때문에 인생의 터닝 포인트에 따라서 더 크게 성장하는 것이 다수일 것입니다.
  고난과 역경을 어떻게 극복해서 나의 아름다운 미래를 준비하게 되었는지를 구체적 나열하여 독자들에게 큰 감동의 순간을 함께 공유하도록 작성해 보시기 바랍니다.

3. 새로운 도전의 예
1) 직업 변화
많은 사람들이 직업에서의 전환점을 경험합니다. 예를 들어, 안정된 직장에서의 퇴사 후 새로운 분야로의 도전은 큰 결단을 요구합니다. 한 사람은 오랜 시간 동안 IT 분야에서 일하다가, 자신의 열정인 요리로 전향하기로 결심했습니다.

처음에는 두려움과 불안이 컸지만, 요리 학교에 등록하고 다양한 경험을 쌓으면서 자신감을 얻었습니다. 결국, 그는 자신의 레스토랑을 열게 되었고, 이는 그의 인생에서 가장 큰 성취 중 하나가 되었습니다.

2) 관계의 변화

인생의 전환점은 종종 관계의 변화와 관련이 있습니다. 예를 들어, 결혼 후 자녀를 키우는 과정에서 부모는 새로운 역할에 적응해야 합니다.

한 부모는 자녀의 성장과 함께 자신의 정체성을 잃어가는 느낌을 받았습니다. 그러나 그는 자녀와의 관계를 통해 자신이 어떤 사람인지 다시 발견하게 되었고, 자녀와의 소통을 통해 더 깊은 유대감을 형성하게 되었습니다.

4. 변화에 대처하는 방법

1) 긍정적인 마인드셋

변화에 대처하기 위해서는 긍정적인 마인드셋이 중요합니다. 어려운 상황에서도 긍정적인 측면을 찾고, 이를 통해 성장할 수 있는 기회로 삼는 것이 필요합니다. 예를 들어, 한 사람은 직장에서의 해고를 겪었지만, 이를 새로운 시작으로 받아들이고 자신의 꿈을 추구하기로 결심했습니다.

2) 지원 시스템 구축

변화의 과정에서 주변의 지원은 큰 힘이 됩니다. 친구, 가족, 멘토와의 소통을 통해 조언과 격려를 받을 수 있습니다. 한 여성은 새로운 사업을 시작할 때, 친구들과의 네트워크를 통해 필요한 정보를 얻고, 서로의 경험을 공유하며 어려움을 극복했습니다.

3) 목표 설정

변화에 대처하기 위해서는 명확한 목표를 설정하는 것이 중요합니다. 목표를 세우고 이를 달성하기 위한 계획을 세우면, 변화의 과정을 보다 체계적으로 관리할 수 있습니다. 한 학생은 대학 진학을 위해 목표를 세우고, 필요한 공부와 준비를 철저히 하여 원하는 대학에 입학하게 되었습니다.

핵심 포인트

인생의 전환점은 새로운 도전과 변화를 가져오는 중요한 순간입니다. 이러한 순간에 어떻게 대처하느냐에 따라 개인의 삶은 크게 달라질 수 있습니다. 긍정적인 마인드셋, 지원 시스템, 명확한 목표 설정은 변화의 과정을 보다 원활하게 만들어 줍니다. 결국, 이러한 경험들은 개인의 성장과 발전에 기여하며, 인생의 새로운 장을 여는 계기가 됩니다.

6-3. 사회적 기여
[봉사활동, 커뮤니티 참여]

　사회적 기여와 봉사활동, 그리고 커뮤니티 참여는 개인의 삶에 긍정적인 영향을 미칠 뿐만 아니라, 사회 전체에도 큰 변화를 가져올 수 있는 중요한 활동입니다.
　이러한 활동들은 사람들 간의 유대감을 강화하고, 공동체의 문제를 해결하는 데 기여합니다. 다음은 사회적 기여와 봉사활동, 커뮤니티 참여에 대한 이야기입니다.

1. 사회적 기여의 중요성
　사회적 기여는 개인이 사회에 긍정적인 영향을 미치기 위해 노력하는 것을 의미합니다. 이는 자원봉사, 기부, 지역 사회 프로젝트 참여 등 다양한 형태로 나타날 수 있습니다. 사회적 기여는 다음과 같은 여러 가지 장점을 제공합니다.

　o **사회적 연대감**
　사람들은 공동의 목표를 위해 함께 일하면서 유대감을 느끼고, 서로를 이해하게 됩니다.

◯ **개인적 성장**

봉사활동을 통해 새로운 경험을 쌓고, 다양한 사람들과의 소통을 통해 개인의 시야를 넓힐 수 있습니다.

◯ **문제 해결**

지역 사회의 문제를 인식하고 해결하기 위한 노력을 통해, 보다 나은 사회를 만드는 데 기여할 수 있습니다.

2. 봉사활동의 다양한 형태

1) 자원봉사

자원봉사는 개인이 자신의 시간과 노력을 기부하여 사회에 기여하는 활동입니다. 예를 들어, 노인 복지센터에서의 봉사, 아동 교육 프로그램 참여, 환경 정화 활동 등이 있습니다. 이러한 활동은 지역 사회의 필요를 충족시키고, 봉사자에게도 큰 보람을 줍니다.

2) 기부

금전적 기부뿐만 아니라, 물품 기부, 재능 기부 등 다양한 형태로 이루어질 수 있습니다. 예를 들어, 한 예술가는 자신의 작품을 기부하여 자선 경매를 통해 수익금을 기부하는 방식으로 사회에 기여할 수 있습니다.

3) 커뮤니티 프로젝트

지역 사회의 문제를 해결하기 위한 프로젝트에 참여하는 것도 중요한 봉사활동입니다.

예를 들어, 지역 청소 행사, 주민 회의, 커뮤니티 가든 조성 등

이 있습니다. 이러한 프로젝트는 주민들이 함께 협력하여 지역 사회를 개선하는 데 기여합니다.

3. 커뮤니티 참여의 중요성

커뮤니티 참여는 지역 사회의 일원으로서 적극적으로 활동하는 것을 의미합니다. 이는 주민들이 지역 문제에 관심을 가지고 해결하기 위해 노력하는 과정입니다.

커뮤니티 참여의 장점은 다음과 같습니다.

○ **정보 공유**

주민들이 서로의 경험과 정보를 공유함으로써, 지역 사회의 문제를 보다 효과적으로 해결할 수 있습니다.

○ **정치적 참여**

지역 사회의 문제를 해결하기 위해 주민들이 정치적 참여를 통해 목소리를 내는 것도 중요합니다. 이는 지역 정책에 영향을 미칠 수 있습니다.

○ **사회적 자본 형성**

커뮤니티 참여는 사람들 간의 신뢰와 협력을 증진시켜, 사회적 자본을 형성하는 데 기여합니다.

4. 사례 연구

1) 청소년 자원봉사 프로그램

한 지역에서는 청소년들이 자원봉사에 참여할 수 있는 프로그램을 운영하고 있습니다.

이 프로그램은 청소년들에게 지역 사회의 필요를 인식하게 하고, 그들이 직접 봉사활동에 참여함으로써 책임감을 느끼게 합니다. 참여한 청소년들은 자신의 경험을 통해 리더십과 팀워크를 배울 수 있었습니다.

2) 지역 농산물 직거래 장터

또 다른 사례로, 지역 농민과 소비자가 직접 만나는 직거래 장터가 있습니다.

이 장터는 지역 농산물을 소비자에게 직접 판매함으로써 농민의 소득을 높이고, 소비자에게는 신선한 농산물을 제공하는 역할을 합니다. 이 과정에서 지역 주민들이 서로 소통하고 협력하는 기회를 가지게 됩니다.

핵심 포인트

사회적 기여와 봉사활동, 커뮤니티 참여는 개인과 사회 모두에게 긍정적인 영향을 미치는 중요한 활동입니다. 이러한 활동을 통해 사람들은 서로 연결되고, 지역 사회의 문제를 해결하기 위해 함께 노력할 수 있습니다. 개인의 작은 노력이 모여 큰 변화를 만들어낼 수 있으며, 이는 더 나은 사회를 만드는 데 기여할 것입니다.

혹시 자원봉사, 재능 기부하면서 찍어놓은 사진 한 장 찾아보세요. 아주 중요한 소재로 충분합니다.

7. 정년 준비시기 (51~60세)

7-1. 여섯 번째 사진

    [인생의 여유 은퇴 후의 삶과 취미]

7-2. 가족과의 시간

    [손주와의 추억, 가족 여행]

7-3. 인생의 성찰

    [지나온 삶에 대한 생각과 배움]

7. 정년 준비시기 (51~60세)

7-1. 여섯 번째 사진
[인생의 여유 은퇴 후의 삶과 취미]

인생의 여유와 은퇴 후의 삶, 그리고 취미는 많은 사람들에게 중요한 주제입니다. 은퇴는 새로운 시작을 의미하며, 이 시기에 개인의 삶의 질을 높이고, 행복을 추구하는 방법으로 취미 활동이 큰 역할을 할 수 있습니다. 다음은 이와 관련된 이야기입니다.

1. 은퇴 후의 삶

은퇴는 직장 생활의 종료를 의미하지만, 동시에 새로운 기회의 시작이기도 합니다.

많은 사람들은 은퇴 후에 더 많은 자유 시간을 가지게 되며, 이를 통해 자신이 그동안 미뤄왔던 꿈이나 목표를 추구할 수 있는 기회를 얻게 됩니다. 은퇴 후의 삶은 다음과 같은 요소로 구성될 수 있습니다.

○ 자아실현

직장 생활에서의 역할에서 벗어나, 개인의 관심사와 열정을 추구할 수 있는 시간이 주어집니다. 이는 새로운 기술을 배우거나, 여행을 떠나거나, 자원봉사 활동에 참여하는 등의 형태로 나타날 수 있습니다.

○ **사회적 관계**

은퇴 후에는 친구나 가족과의 관계를 더욱 깊이 있게 발전시킬 수 있는 기회가 많아집니다. 커뮤니티 활동이나 동호회에 참여함으로써 새로운 사람들을 만나고, 사회적 네트워크를 확장할 수 있습니다.

○ **건강 관리**

은퇴 후에는 건강을 유지하고 증진하는 데 더 많은 시간을 투자할 수 있습니다. 운동, 요가, 명상 등 다양한 활동을 통해 신체적, 정신적 건강을 챙길 수 있습니다.

2. 취미의 중요성

취미는 개인의 삶에 여유를 주고, 스트레스를 해소하는 데 큰 도움이 됩니다.

은퇴 후에는 취미 활동을 통해 삶의 질을 높이고, 새로운 경험을 쌓을 수 있습니다. 취미의 중요성은 다음과 같습니다.

○ **정신적 안정**

취미 활동은 스트레스를 줄이고, 마음의 평화를 찾는 데 도움을 줍니다. 예를 들어, 정원 가꾸기나 그림 그리기와 같은 창의적인 활동은 마음을 진정시키고, 집중력을 향상시킬 수 있습니다.

o **사회적 상호작용**

취미를 통해 새로운 사람들을 만나고, 사회적 관계를 형성할 수 있습니다. 예를 들어, 스포츠 동호회나 독서 모임에 참여하면 비슷한 관심사를 가진 사람들과의 교류가 이루어집니다.

○ 신체적 활동

많은 취미는 신체 활동을 포함하고 있어 건강을 유지하는 데 기여합니다. 예를 들어, 하이킹, 자전거 타기, 춤추기 등은 신체를 움직이게 하고, 체력을 증진시킵니다.

3. 인기 있는 취미 활동

은퇴 후에 많은 사람들이 선택하는 인기 있는 취미 활동은 다음과 같습니다.

○ 여행

새로운 장소를 탐험하고 다양한 문화를 경험하는 것은 많은 은퇴자들에게 큰 즐거움입니다. 여행은 새로운 사람들을 만나고, 기억에 남는 경험을 쌓는 기회를 제공합니다.

○ 예술과 공예

그림 그리기, 도예, 수공예 등은 창의력을 발휘할 수 있는 좋은 방법입니다. 이러한 활동은 집중력을 요구하며, 결과물에 대한 성취감을 느낄 수 있습니다.

○ **운동**

요가, 수영, 골프, 자전거 타기 등은 신체 건강을 유지하는 데 도움이 됩니다. 운동은 또한 스트레스를 줄이고, 기분을 좋게 만드는 데 기여합니다.

○ **자원봉사**

지역 사회에 기여하는 자원봉사 활동은 보람을 느끼게 하고, 사회적 관계를 형성하는 데 도움이 됩니다. 이는 개인의 삶에 의미를 더해줍니다.

핵심 포인트

은퇴 후의 삶은 새로운 기회를 제공하며, 개인의 여유를 찾고, 취미를 통해 삶의 질을 높일 수 있는 중요한 시기입니다. 취미 활동은 정신적, 신체적 건강을 증진시키고, 사회적 관계를 형성하는 데 큰 역할을 합니다. 은퇴 후에는 자신이 진정으로 원하는 것을 추구하며, 행복한 삶을 만들어 나가는 것이 중요합니다.

현역 시절 나의 취미가 노후까지 동반자와 함께 할 수 있는 것을 하고 있는지 자신에게 물어보세요.

7-2. 가족과의 시간
[손주와의 추억, 가족 여행]

　가족과의 시간, 손주와의 추억, 그리고 가족 여행은 인생에서 매우 소중한 경험입니다.
　이러한 순간들은 가족 간의 유대감을 강화하고, 서로의 사랑과 지지를 느낄 수 있는 기회를 제공합니다. 다음은 이와 관련된 이야기입니다.

1. 가족과의 시간

가족과 함께하는 시간은 삶의 가장 큰 기쁨 중 하나입니다. 바쁜 일상 속에서도 가족과의 소중한 순간을 만들기 위해 노력하는 것은 매우 중요합니다. 가족과의 시간은 다음과 같은 방법으로 즐길 수 있습니다.

○ **가족 저녁 식사**

정기적으로 가족이 모여 함께 저녁을 먹는 것은 서로의 일상을 나누고, 소통할 수 있는 좋은 기회입니다. 각자의 이야기를 듣고, 함께 웃으며 즐거운 시간을 보낼 수 있습니다.

○ **게임 나이트**

보드게임이나 카드게임을 함께 하며 즐거운 시간을 보내는 것도 좋은 방법입니다. 경쟁심과 협동심을 통해 가족 간의 유대감을 더욱 깊게 할 수 있습니다.

○ **자연 속에서의 시간**

공원이나 산으로 나가 가족과 함께 산책하거나 피크닉을 즐기는 것도 좋습니다. 자연 속에서의 시간은 스트레스를 해소하고, 가족 간의 대화를 촉진하는 데 도움이 됩니다.

2. 손주와의 추억

손주와의 시간은 특별한 의미를 지닙니다. 손주들은 할아버지, 할머니에게 새로운 에너지를 주고, 그들과의 추억은 평생 간직할 소중한 기억이 됩니다. 손주와의 추억을 만드는 방법은 다음과 같습니다.

○ **놀이 시간**

손주와 함께 놀아주는 것은 그들에게 큰 즐거움을 줍니다. 공원

에서 함께 놀거나, 집에서 블록 쌓기, 그림 그리기 등을 하며 창의력을 발휘할 수 있습니다.

○ 이야기 들려주기

손주에게 옛날 이야기나 동화를 들려주는 것은 그들의 상상력을 자극하고, 가족의 역사에 대해 알릴 수 있는 좋은 방법입니다. 손주가 좋아하는 이야기를 함께 읽어주거나, 직접 만들어서 들려주는 것도 좋습니다.

○ 특별한 날 기념하기

손주의 생일이나 졸업식 같은 특별한 날을 함께 기념하는 것은 그들에게 잊지 못할 추억을 만들어 줍니다.

작은 파티를 열거나, 함께 케이크를 만들며 즐거운 시간을 보낼 수 있습니다.

3. 가족 여행

가족 여행은 가족 간의 유대감을 더욱 강화하고, 새로운 경험을 함께 나누는 기회를 제공합니다.

여행은 다양한 장소를 탐험하고, 새로운 문화를 경험하는 좋은 방법입니다. 가족 여행의 장점은 다음과 같습니다.

○ **추억 만들기**

여행 중의 특별한 순간들은 평생 기억에 남는 소중한 추억이 됩니다. 사진을 찍고, 여행 일지를 작성하는 것도 좋은 방법입니다.

○ **협력과 소통**

여행을 계획하고 실행하는 과정에서 가족 간의 협력과 소통이 필요합니다. 함께 일정을 짜고, 여행지에서의 활동을 결정하는 과정은 가족의 유대감을 더욱 강화합니다.

○ **새로운 경험**

여행을 통해 새로운 음식, 문화, 사람들을 경험하는 것은 가족 모두에게 큰 즐거움이 됩니다.

다양한 활동을 함께 하며 서로의 취향을 이해하고, 새로운 것을 배우는 기회를 가질 수 있습니다.

> **핵심 포인트**

가족과의 시간, 손주와의 추억, 그리고 가족 여행은 모두 소중한 경험입니다. 이러한 순간들은 가족 간의 사랑과 유대감을 더욱 깊게 하고, 서로의 삶에 긍정적인 영향을 미칩니다. 바쁜 일상 속에서도 가족과의 소중한 시간을 잊지 않고, 함께하는 순간들을 소중히 여기는 것이 중요합니다. 이러한 경험들은 결국 인생의 가장 큰 행복 중 하나가 될 것입니다.

가족 간의 여행이 마냥 즐겁기만 했는지요?. 아니면 여행 중 특별한 에피소드가 있다면 그것 또한 자서전에 삶의 소중한 이야기로 독자들과 공감대가 형성될 수 있습니다. 그 순간을 어떻게 순발력 있게 넘겼는지도 키워드로 나열해 놓았다가 사용해 보세요.

7-3. 인생의 성찰
[지나온 삶에 대한 생각과 배움]

인생의 성찰은 우리가 지나온 삶을 돌아보고, 그 과정에서 얻은 교훈과 배움을 정리하는 중요한 과정입니다. 이러한 성찰은 개인의 성장과 발전에 큰 영향을 미치며, 앞으로의 삶을 더욱 의미 있게 만드는 데 기여합니다.

다음은 인생의 성찰과 지나온 삶에 대한 생각, 그리고 배움에 대한 이야기입니다.

1. 지나온 삶의 돌아보기

인생을 돌아보는 것은 자신이 어떤 경험을 했고, 그 경험이 어떻게 자신을 형성했는지를 이해하는 데 도움이 됩니다. 이 과정에서 다음과 같은 질문을 스스로에게 던져볼 수 있습니다.

○ **어떤 순간이 가장 기억에 남는가?**

특별한 순간이나 사건은 우리의 삶에 큰 영향을 미칩니다. 기쁜 순간, 슬픈 순간, 도전적인 순간 모두가 우리를 성장하게 만듭니다.

○ **어떤 선택이 나에게 중요한 영향을 미쳤는가?**

인생에서의 선택은 우리의 길을 결정짓습니다. 어떤 선택이 긍정적인 결과를 가져왔고, 어떤 선택이 후회로 남았는지를 분석하는 것은 중요한 성찰의 과정입니다.

○ **어떤 사람들과의 관계가 나에게 의미 있었는가?**

사람들과의 관계는 우리의 삶을 풍요롭게 합니다. 가족, 친구, 동료와의 관계에서 배운 것들은 우리의 가치관과 태도에 큰 영향을 미칩니다.

2. 배움의 중요성

인생에서의 배움은 단순히 학교에서의 교육에 국한되지 않습니다. 삶의 모든 경험은 배움의 기회가 될 수 있습니다. 배움의 중요성은 다음과 같습니다.

○ **실패에서 배우기**

실패는 종종 가장 큰 교훈을 제공합니다. 실패를 통해 우리는 무엇이 잘못되었는지를 이해하고, 다음에는 더 나은 선택을 할 수 있는 기회를 얻습니다. 실패를 두려워하지 않고, 그것을 성장의 기회로 삼는 것이 중요합니다.

○ **다양한 경험을 통한 배움**

여행, 새로운 취미, 다양한 사람들과의 만남 등은 모두 배움의 기회입니다. 이러한 경험들은 우리의 시각을 넓히고, 다양한 관점을 이해하는 데 도움을 줍니다.

○ **자기반성과 성장**

정기적으로 자신을 돌아보고, 자신의 감정과 행동을 분석하는 것은 개인의 성장에 필수적입니다. 자기 반성을 통해 우리는 더 나은 사람이 되기 위한 방향을 설정할 수 있습니다.

3. 인생의 의미 찾기

인생의 성찰은 결국 우리가 인생에서 무엇을 중요하게 생각하는지를 이해하는 데 도움을 줍니다. 다음은 인생의 의미를 찾는 데 도움이 되는 방법입니다.

○ 가치관 정립

자신의 가치관을 명확히 하고, 그것에 따라 행동하는 것은 인생의 의미를 찾는 데 중요한 요소입니다. 무엇이 나에게 진정으로 중요한지를 고민해보는 것이 필요합니다.

○ 목표 설정

인생에서 이루고 싶은 목표를 설정하고, 그 목표를 향해 나아가는 과정은 삶에 의미를 부여합니다. 목표는 개인의 성장과 발전을 위한 동기가 됩니다.

○ 타인과의 연결

다른 사람들과의 관계를 통해 우리는 더 큰 의미를 찾을 수 있습니다. 사랑, 우정, 공동체의 일원으로서의 경험은 우리의 삶을 더욱 풍요롭게 만듭니다.

| 핵심 포인트 |

인생의 성찰은 지나온 삶을 돌아보고, 그 과정에서 얻은 배움과 교훈을 정리하는 중요한 과정입니다. 이러한 성찰을 통해 우리는 더 나은 미래를 위한 방향을 설정하고, 삶의 의미를 찾을 수 있습니다. 인생은 끊임없는 배움의 연속이며, 그 과정에서 우리는 성장하고 변화합니다. 과거의 경험을 소중히 여기고, 앞으로의 삶을 더욱 의미 있게 만들어가는 것이 중요합니다.

작가는 정기적으로 인사동 갤러리에 그림을 감상하러 나들이합니다. 그 이유는 최근에 사용하는 작품 소재와 컬러 사용에 관한 이슈를 살펴보기 위해 정기적 감상하러 다니고 있습니다. 이것은 어쩌면 저 자신에게 주는 충격 요법이지요. 좋은 작품 그림 완성을 위한 자기반성과 성장을 위한 일입니다.

자서전을 통해 보는 위기 극복 사례

50대 위기 극복 사례

사례 1.

저명한 칠레 작가 이사벨 아옌데 요나(Isabel Allende Llona, 소설가) 는 50대 위기 극복 사례입니다. 인생에서 가장 가슴 아픈 충격적인 순간 중 하나를 맞이합니다. 바로 딸 파울라의 장기 투병과 죽음이었습니다. 아옌데는 고통을 외면하는 대신, 용감하면서도 인간적인 행동을 취했습니다. 바로 슬픔 속에서 글을 쓴 것입니다.

그녀의 회고록 『폴라』는 단순한 개인적 비극을 넘어, 글쓰기가 어떻게 엄청난 상실 이후 치유와 성찰, 그리고 삶의 회복을 위한 도구가 될 수 있는지를 강력하게 보여주는 증언입니다.

이사벨 아옌데은 "잊혀서는 안 될 것을 쓰세요."라고 말합니다. 이러한 주문은 그녀가 사랑, 추억, 슬픔, 그리고 희망을 글에 쏟아붓도록 이끌어 주었습니다. 이 과정을 통해 그녀는 딸을 기렸을 뿐만 아니라, 자신의 정체성을 재건하고 고통을 창의성으로 전환했습니다.

자서전을 쓰는 50대 위기의 상황이 지나온 사람, 또는 직면한 사람들에게 중요한 이유 이사벨 아옌데은 우리에게 다음과 같은 메시지를 이야기하고 있다.

고통은 의미로 바뀔 수 있다.
ㅇ 창의적인 표현은 사치가 아니고 치유에 필요한 것이다.
ㅇ 인생의 후반부는 감정적으로 더 진실되고 창의적으로 더 대담해질 수 있다는 메시지를 보낸 것입니다.

사례 2.

줄리아 카메론(Julia Cameron) 작가는 40대 후반과 50대 초반에 심각한 개인적, 창작적 위기를 겪었습니다. 중독, 우울증, 번아웃과 싸우며 자신의 창작적 목소리를 잃어갔습니다. 이 시기에 그녀는 매일 일기(모닝 페이지)를 쓰고 매주 "아티스트 데이트"라는 혼자만의 창작 활동을 통해 개인적인 치유의 여정을 시작했습니다.

줄리아 카메론의 교훈
다시 시작하기에 너무 늦었다는 법은 없습니다.

창의성은 감정적 상처를 치유할 수 있다.

일기를 쓰는 것과 같은 일상적인 습관이 변화로 이어질 수 있습니다.

자신에게 정직하고 온화하게 대하는 것이 중요합니다.

그녀의 이야기는 창의성이 치유로 가는 강력한 길이며, 다시 시작하기에 너무 늦었다는 것은 없다는 것을 증명합니다.

50세에 출간한 저서 『아티스트의 길(The Artist's Way)』은 창의력을 발휘하고 감정적 상처를 치유하는 데 도움이 되는 12주 프로그램으로, 현재 예술가, 치료사, 그리고 자아를 찾는 이들에게 지침서의 역할을 하고 있습니다.

자서전 핵심 교훈

자신의 인생 이야기를 쓸 때, 어두운 부분도 포함하는 것을 두려워하지 마세요. 그 부분에는 가장 심오한 진실과 변화가 깃들어 있는 경우가 많습니다. 이사벨 아옌데처럼, 나의 글은 나 자신뿐 아니라 어둠 속을 헤쳐 나가는 다른 사람들에게도 빛을 비추는 등대가 될 수 있습니다.

8. 회고와 반성 (64세 이상)

8-1. 일곱 번째 사진
  [현재의 삶 취미, 관심사, 여가 활동]

8-2. 회고와 반성
  [인생에서의 주요 교훈]

8-3. 순간의 시간
  [후회하는 점이나 아쉬운 점]

8. 회고와 반성 (64세 이상)

8-1. 일곱 번째 사진
   [퇴임 후 인생에 중요한 가치관]

64세 때는 일반적으로 퇴임이라는 단어가 어니 어쩌면 주변에서 벌써 '정년 하셨어요'라는 말을 듣게 될 것이다. 그래서 퇴임 후 인생에서 중요한 가치관을 정하는 것은 매우 의미 있는 일입니다. 다음은 60년 넘는 세월의 시간 속에서 우리가 고려해볼 만한 몇 가지 가치관입니다.

1. 가족과의 유대
가족과의 관계를 소중히 여기고, 시간을 함께 보내며 서로의 지지자가 되는 것이지요. 혹시라도 부족한 부분이 있는지도 다시 한

번 되돌아보시기 바랍니다.

2. 자아 실현

자신의 꿈과 목표를 추구하며, 새로운 취미나 관심사를 발견하고 나 자신을 위해서 어떻게 자기 계발하였는가를 생각하고 그것이 있다면 구체적으로 나열해 봅니다.

3. 사회적 기여

퇴직 후에도 변함없는 자원봉사나 지역 사회에 기여하여 긍정적인 변화를 만드는 것이야말로 내 삶을 가장 아름답게 만드는 퇴임 후 큰 성과일 것입니다.

4. 건강과 웰빙

정해진 시간 없이 무의미한 시간 속에서 내 모음 퇴화 된다고 합니다. 신체적, 정신적 건강을 우선시하여 활기찬 삶을 살기 위한 노력하는 내 모습을 항상 연출하시길 바랍니다.

5. 배움의 지속

배움에 대하여는 반복적으로 이야기하고 있습니다. 그만큼 평생 학습은 우리 삶에 새로운 지식과 기술을 습득하며, 끊임없이 성장하는 자세로 건강한 노후 뇌 건강에도 효과가 있다고 합니다.

6. 마음의 평화

내면의 평화를 추구하며, 긍정적인 사고방식을 유지하는 것이 중요합니다.

7. 관계의 질

친구 및 지인들과의 관계를 깊이 있게 유지하고, 진정한 소통을 중요시하는 것을 의미합니다.

8. 감사와 긍정

일상에서 감사할 것들을 찾아 긍정적인 시각을 유지하는 것. 가족에 감사, 지인들에게 감사, 기타 등등 많은 감사는 긍정의 에너지원의 토대가 되기도 합니다.

9. 환경 보호

지속가능한 삶을 추구하며, 자연과 환경을 보호하는 데 기여하는 것. 요즘 다양한 환경운동 활동하는 단체에도 관심을 기울여 보세요.

10. 자유와 독립

자신의 선택과 결정에 책임을 지고, 자유롭게 살아가는 것.

핵심 포인트

이러한 가치관 중에서 본인의 삶과 가장 잘 맞는 것을 선택하고, 이를 바탕으로 새로운 목표를 설정하는 것이 중요합니다. 어떤 가치관이 가장 나의 살에 도움을 주었는지를 체크하여 내 자서전에 놓여 놓으시면 됩니다.

8-2. 회고와 반성 [인생에서의 주요 교훈]

내 삶을 회고와 반성에서는 인생에서의 주요 교훈을 다음과 같이 5가지 모듈로 정리합니다.

1. 실패는 성장의 기회
실패는 피할 수 없는 경험이며, 이를 통해 배우고 성장할 수 있습니다. "처음 사업을 시작했을 때 실패를 경험했지만, 그로 인해 더 나은 전략을 세우게 되었습니다." 사례를 작성합니다.

2. 시간의 소중함
시간을 낭비하지 말고, 소중하게 사용해야 합니다. 예시: "젊었을 때는 시간을 가볍게 여겼지만, 지금은 매 순간을 중요한 기회로 생각합니다."

3. 인간관계의 중요성
좋은 인간관계는 삶의 질을 높여줍니다. 예시: "친구들과의 소중한 시간을 통해 힘든 순간도 이겨낼 수 있었습니다."

4. 자신을 사랑하기

자신을 존중하고 사랑하는 것이 행복의 시작입니다. 예시: "자신의 장점과 단점을 인정하고 받아들이면서 삶이 더 행복해졌습니다."

5. 변화에 대한 개방성

변화는 불가피하며, 이를 받아들이는 것이 중요합니다. 예시: "직장에서의 큰 변화에 적응하기 힘들었지만, 새로운 기회를 찾는 계기가 되었습니다."

위 내용은 가장 일반적인 상황을 말씀드렸습니다. 위 교훈을 기본 바탕으로 각각의 경험과 느낌을 더하여 자신의 이야기를 작성하면 독자님들에게는 더 큰 감동을 주게 됩니다.

8-3. 순간의 시간
[후회하는 점 & 아쉬운 점]

인생을 살면서 많은 사람들이 후회하거나 아쉬워하는 점들을 10가지 모듈로 정리했습니다.

1. 소중한 사람과의 시간 부족
사랑하는 사람들과의 시간을 더 많이 가지지 못한 것에 대한 아쉬움.

2. 목표에 대한 미루기
꿈과 목표를 이루기 위해 필요한 행동을 미루었던 것에 대한 후회.

3. 자신의 감정을 숨김
마음속 감정을 솔직하게 표현하지 못한 것에 대한 아쉬움.

4. 변화를 두려워함

새로운 도전을 두려워해서 기회를 놓친 것에 대한 후회.

5. 건강 관리 소홀

젊을 때 건강을 소홀히 한 것에 대한 아쉬움.

6. 배움의 기회 놓침

더 많은 지식과 경험을 쌓기 위한 학습을 소홀히 한 것에 대한 후회.

7. 사소한 일에 연연함

작은 문제에 너무 집착하여 중요한 것들을 놓친 것에 대한 아쉬움.

8. 타인의 의견에 휘둘림

자신의 생각보다 타인의 의견에 맞추어 행동한 것에 대한 후회.

9. 여행 기회 놓침

새로운 경험을 쌓을 수 있는 여행 기회를 충분히 활용하지 못한 것에 대한 아쉬움.

10. 자신을 사랑하지 않음

스스로를 존중하지 못하고 비교하며 살아온 것에 대한 후회.

이러한 후회나 아쉬움들을 되새기며 앞으로의 삶에서 더 나은 선택을 할 수 있도록 노력하는 것이 중요했지요. 그래서 아쉬움임 남아 있다면 좋은 자서전의 콘텐츠로 작성할 수 있습니다.

핵심 포인트

인생의 성찰은 지나온 삶을 돌아보고, 그 과정에서 얻은 배움과 교훈을 정리하는 중요한 과정입니다. 이러한 성찰을 통해 우리는 더 나은 미래를 위한 방향을 설정하고, 삶의 의미를 찾을 수 있습니다. 인생은 끊임없는 배움의 연속이며, 그 과정에서 우리는 성장하고 변화합니다. 과거의 경험을 소중히 여기고, 앞으로의 삶을 더욱 의미 있게 만들어가는 것이 중요합니다.

이러한 후회나 아쉬움 들을 되새기며 앞으로의 삶에서 더 나은 선택을 할 수 있도록 노력하는 것이 중요했지요, 그래서 아쉬움임 남아 있다면, 자서전에 작성하여 좋은 콘텐츠로 교훈을 줄 수 있습니다.

9. 미래에 대한 생각

9-1. 앞으로의 계획과 꿈
　　[후세에 남길 메시지]

9-2. 감사의 인사와 마무리 소감

9. 미래에 대한 생각

9-1. 앞으로의 계획과 꿈
[후세에 남길 메시지]

앞으로의 계획과 꿈, 그리고 후세에 남길 메시지는 개인의 삶에서 중요한 부분을 차지합니다. 이러한 요소들은 우리가 어떤 방향으로 나아가고 싶은지를 결정짓고, 우리의 가치관과 목표를 반영합니다. 다음은 이러한 주제에 대한 이야기입니다.

1. 앞으로의 계획

앞으로의 계획은 개인의 목표와 비전을 구체화하는 과정입니다. 이를 위해 다음과 같은 요소를 고려할 수 있습니다.

○ 단기 목표 설정

가까운 미래에 이루고 싶은 목표를 설정하는 것이 중요합니다. 예를 들어, 새로운 기술을 배우거나, 건강한 생활 습관을 기르는 것과 같은 구체적인 목표를 세울 수 있습니다.

○ 장기 목표 구상

5년, 10년 후에 이루고 싶은 꿈을 생각해보세요. 이는 직업적인 목표일 수도 있고, 개인적인 성장이나 가족과의 관계를 포함할 수도 있습니다. 이러한 목표는 삶의 방향성을 제시합니다.

o **계획 실행**

목표를 설정한 후에는 이를 실현하기 위한 구체적인 계획을 세워야 합니다. 필요한 자원, 시간 관리, 그리고 중간 점검을 통해 목표에 다가갈 수 있도록 합니다.

2. **그래도 꿈**

꿈은 개인의 열망과 희망을 반영합니다. 꿈을 이루기 위해서는

다음과 같은 접근이 필요합니다.

○ **자신의 열정 찾기**

무엇이 나를 가장 흥미롭게 하고, 열정을 느끼게 하는지를 탐색하는 것이 중요합니다. 자신의 열정을 기반으로 한 꿈은 더 큰 동기를 제공합니다.

○ 도전과 성장

꿈을 이루기 위해서는 도전이 필요합니다. 새로운 경험을 통해 배우고 성장하는 과정은 꿈을 이루는 데 필수적입니다. 실패를 두려워하지 않고, 도전하는 자세가 중요합니다.

○ 비전 공유

자신의 꿈을 주변 사람들과 공유하고, 그들의 지지와 피드백을 받는 것도 큰 도움이 됩니다. 함께 꿈을 이루어가는 과정은 더 큰 힘이 될 수 있습니다.

핵심 포인트

자서전이 완성되는 시점까지는 아직은 현역입니다. 또 자서전이 완성되었다고 꿈과 비전은 바로 끝이 아니라 새로운 시작의 출발선이기 때문에 앞으로의 남은 내 삶의 목표 방향 등 새로운 구성을 계획하고 생각하셔야 합니다. 끝이 아니라 새로운 출발이기 때문입니다.

3. 후세에 남길 메시지

후세에 남길 메시지는 개인의 삶의 철학과 가치관을 반영합니다. 다음은 후세에 전하고 싶은 메시지의 예입니다.

○ **진정한 자신을 잃지 말라**

삶에서 가장 중요한 것은 자신을 잃지 않고, 진정한 나로 살아가는 것입니다. 타인의 기대에 부응하기보다는 자신의 가치관과 신념을 따르며 살아가길 바랍니다.

○ **배움의 중요성**

인생은 끊임없는 배움의 연속입니다. 실패와 성공 모두가 소중한 경험이며, 이를 통해 성장할 수 있음을 잊지 말아야 합니다.

○ **사랑과 연대**

사람들과의 관계는 삶의 가장 큰 기쁨입니다. 사랑하고, 사랑받으며, 서로를 지지하는 관계를 소중히 여기길 바랍니다. 함께하는 삶이 더 의미 있고 풍요롭습니다.

○ **긍정적인 변화의 주체가 되라**

세상은 끊임없이 변화하고 있습니다. 그 변화의 주체가 되어 긍정적인 영향을 미치는 사람이 되길 바랍니다. 작은 행동이 큰 변화를 만들어낼 수 있습니다.

9-2. 감사의 인사와 마무리 소감

　감사의 인사와 마무리 소감은 소중한 순간을 되새기고, 그 경험에 대한 감정을 표현하는 중요한 방법입니다. 다음은 감사의 인사와 마무리 소감의 예시입니다.

○ 감사의 인사
　먼저, 이 자리를 빌려 모든 분들께 진심으로 감사의 말씀을 전하고 싶습니다. 여러분의 지지와 격려가 없었다면 지금의 저도 없었을 것입니다. 함께해 주신 모든 분들, 특히 가족, 친구, 동료들에게 깊은 감사를 드립니다. 여러분의 사랑과 지원이 저에게 큰 힘이 되었고, 앞으로 나아갈 수 있는 원동력이 되었습니다.

또한, 이 경험을 통해 배운 것들에 대해 감사드립니다. 어려운 순간에도 함께해 주신 분들 덕분에 많은 것을 배우고 성장할 수 있었습니다. 여러분과의 소중한 인연을 잊지 않고, 앞으로도 계속 이어가고 싶습니다.

ㅇ 마무리 소감

이제 이 모든 경험을 마무리하며, 한층 더 성장한 저를 느낍니다. 지난 시간 동안의 도전과 성취는 저에게 많은 의미를 주었고, 앞으로의 길에 대한 확신을 심어주었습니다. 힘든 순간도 있었지만, 그 모든 과정이 저를 더욱 단단하게 만들어 주었습니다.

앞으로도 계속해서 배우고 성장하며, 저의 꿈을 향해 나아가겠습니다. 그리고 여러분과 함께하는 이 여정이 더욱 의미 있고 풍요로운 시간이 되기를 바랍니다. 다시 한번, 모든 분들께 감사드리며, 앞으로의 미래에 대한 기대와 희망으로 가득 차 있습니다. 여

러분과 함께하는 모든 순간이 소중하다는 것을 잊지 않겠습니다. 감사합니다. 등으로 표기를 한다.

핵심 포인트

앞으로의 계획과 꿈, 후세에 남길 메시지는 개인의 삶을 더욱 의미 있게 만드는 중요한 요소입니다. 이러한 요소들을 통해 우리는 자신의 삶을 돌아보고, 미래를 설계하며, 후세에 긍정적인 영향을 미칠 수 있는 길을 모색할 수 있습니다. 삶의 여정에서 끊임없이 배우고 성장하며, 진정한 자신을 찾는 것이 중요합니다.

10. 에필로그 쓰는 법

10. 에필로그 쓰는 법

사진 한 장으로 자서전 쓰기는 누구나 가지고 있는 사진으로 과거의 추억을 끄집어낼 수 있도록 그 사례들을 자세하게 안내해 드렸습니다. 다음은 에필로그 쓰는 법을 살펴보겠습니다.

에필로그는 이렇게 쓴다.

아주 오래된 빛바랜 가족사진 속 꼬마는 세상 모든 것이 신기하고 즐거웠지. 부모님의 따뜻한 품 안에서 사랑받으며 꿈을 키웠고, 청소년기(11-20세)는 나 자신을 찾아가는 혼란과 성장의 시기였어, 거울 앞에서 고민하고, 세상에 대해 궁금증이 커졌지, 성인 초기(21-30세)는 자유와 책임감이 공존했던 때였지, 대학에서 전공을 선택하며 내 길을 스스로 결정하는 짜릿함을 느꼈고, 다양한 사람들과 교류하며 시야를 넓혔어, 삶의 무게감이 더해지고 '우리'를 먼저 생각하게 된 중년기(31-40세), 사랑하는 사람과 가정을 이루고, 이제 삶의 연륜이 더해진 중년 후기(41-50세)에는 어느 정도 안정감을 찾았지, 삶의 속도를 늦추고 나를 위한 시간을 가졌던 노년기(51~60세), 은퇴 후에는 바쁘다는 핑계로 미뤄왔던 취미 생활을 마음껏 즐기고, 회고와 반성(64세~이상)의 시기에 와서, 나는 지금까지의 삶을 돌아보게 되었다.

"이제 남은 시간 들은 욕심 내기보다 가진 것을 나누고, 사랑하는 사람들과 더 많은 시간을 보내며, 감사하는 마음으로 채워나가

고 싶다. 후세에 남길 메시지가 있다면, "삶은 끊임없이 배우고 사랑하는 여정이며, 당신의 삶은 그 자체로 소중하다"고 말해주고 싶어." 이것이 내 삶이야.

내 삶의 이야기는 아직 끝나지 않았어. 앞으로 펼쳐질 페이지에는 또 어떤 이야기들이 담길지 기대하며, 감사하는 마음으로 남은 여정을 걸어갈 갈 거야 끝까지 지켜봐 줘 자서전이 완성되었다고 끝은 아니야.

이렇게 에필로그는 내 삶의 여정을 돌아보며 스스로에게 혹은 읽는 독자에게 전하는 마지막 인사 같은 것이다. 내 마음을 솔직하고 따뜻하게 담아내면 독자들은 감동하고 공감하게 된다.

이제 준비 완료되셨다면 사진 한 장으로 자서전 쓰기 출발해 보겠습니다.

part 11

11. 부록

1. 나의 인생 경력서

2. 내 삶의 인생 경력 작성표
    ○ 저자 [   ] 의 삶의 그래프 작성

3. AI 활용하는 법
    ○ AI 활용사례 비교

11. 부록
인생 경력서 만들기

11-1. 내 삶의 인생 경력서

처음 회사에 입사하려면 이력서를 작성합니다. 지금까지 자서전을 쓰면서 내 삶의 흔적을 다시 한번 기억해 보시고 혹시라도 작성에 놓치신 부분이 있다면, 다시 한번 더 기록하는 내 삶의 인생 기록장입니다.

○ 내 삶의 인생 경력서 추가 내용 작성표에 세부 내용 중 누락, 또는 부족했던 부분을 찾아내어 추억을 기록하면 되겠습니다.

내 삶의 인생 경력서 추가 내용 작성표

년   월   일

작성자:

	세부 내용	특이 사항
어린 시절		
청소년기		
성인 초기		
중년기		
중년 후기		
노년기		

○ 내 삶의 인생 경력서 추가 내용 작성표에 세부 내용 중 누락 또는 부족했던 부분을 추가하면 되겠습니다.

11-2. 저자 [   ] 님의 삶의 그래프 작성

○ 월별 내 삶의 그래프

월	1	2	3	4	5	6	7	8	9	10	11	12

+10, +9, +7, +5, +3, +1, −1, −3, −5, −7, −9, −10

○ 연령별 내 삶의 그래프

연령	10	20	30	40	50	60	70	80

+10, +9, +7, +5, +3, +1, −1, −3, −5, −7, −9, −10

○ 가장 잘나가던 시절 그래프

+10										
+9										
+7										
+5										
+3										
+1										
연령 시기?										
−1										
−3										
−5										
−7										
−9										
−10										

○ 나의 잘나가던 시절 + 요소는 무엇이었는지?
   -
   -
   -
   -

○ 작성하여 나를 관찰하는 시간 만들어 보시길 기원합니다.

11. 부록

11-3. AI 활용하는 법

　AI 활용하여 자서전을 쓰는 방법 중 예제를 제시하여 보았습니다. AI 프로그램 3가지를 임의로 선택하여 프롬프트에 '정년을 맞이하여 자서전을 쓰려고 해 제목은 [사진 한 장으로 자서전 쓰기] 야 이 내용으로 자서전을 쓸 수 있도록 자세하게 목차부터 안내해 줘'라고 했습니다. 그 결과 비교한 내용입니다.

○ https://chatgpt.com/ 활용사례(챗 GPT)_01

○ 프롬프트 내용

> 정년을 맞이하여 자서전을 쓰려고 해 제목은
> '사진 한 장으로 자서전 쓰기'야 이 내용으로
> 자서전을 쓸 수 있도록 자세하게 목차부터 안내해줘

○ 은퇴 후에 자서전을 쓰는 이유는?
　성찰해보세요: 자신이 얼마나 성장했는지, 자신의 가치관, 어려움, 성장을 돌아보세요.
　기억하기: 기억은 사라지기 전에 보존하세요.
　지혜를 공유하세요: 미래 세대에게 인생의 교훈, 경험, 메시지를 제공하세요.

치유: 때로는 글쓰기가 과거의 고통을 처리하고 평화를 찾는 데 도움이 됩니다.

축하할 점: 여러분의 인생 이야기의 아름다움과 독특함을 존중하세요.

1단계: 시작점으로 사진 한 장을 선택하세요.

의미 있는 사진 하나를 골라보세요. 다음과 같을 수 있습니다. 가족과 함께한 사진 군복을 입은 어린 시절의 모습, 여행 속의 모습, 일상생활 속의 모습 전환점의 한 장면(은퇴, 졸업, 여행)

○ 자신에게 물어보세요.

이것과 관련된 기억은 무엇인가?, 그것을 보면 어떤 감정이 떠오르나요?

이것은 당신의 삶에서 어떤 교훈이나 순간을 담고 있나요?

팁: 먼저 해당 사진을 중심으로 스토리를 쓰세요. 시간, 장소, 사람, 감정, 그리고 그것이 왜 중요한지 설명하세요.

2단계: 스토리를 간단하게 구성하세요.(예시 개요)

모든 것을 순서대로 쓸 필요는 없습니다. 기억에 맡기세요. 하지만 정리하는 데 도움이 되는 간단한 구조를 알려드리겠습니다. 1지금 글쓰기를 시작하게 된 동기는 무엇인가요?, 사람들이 이 책을 읽고 무엇을 느끼거나 배우기를 바라시나요?

2. 생애 단계별 장

다음과 같이 나눌 수 있습니다. 어린 시절 (0~10세), 청소년 (11~20세), 성인기 (21~50세), 성숙한 삶 (51 - 60), 말년 (61년 ~현재), 반성과 희망 각 장에는 다음이 포함될 수 있습니다. 그 당시의 이야기 하나 둘 의미 있는 사진이나 물건 그 무대에서 얻은 생각이나 교훈

3. 에필로그: 미래의 나 또는 가족에게 전하는 메시지

지금 돌이켜보면 무슨 말을 하고 싶나요?, 어떤 꿈이 남아 있나요?, 독자들이 무엇을 기억하고 있기를 바라시나요?

3단계: 간단하고 정직하게 유지하세요.

화려한 말은 필요 없어요. 당신의 진정한 목소리를 들려주세요. 단편소설을 활용하세요. 감정과 작은 세부 사항을 포함하세요. 완벽하지 말고 열린 마음을 가지세요. 자서전은 다른 사람에게 좋은 인상을 주는 것이 아니라, 그들과 소통하는 것입니다.

○ https://wrtn.ai/ 활용사례(뤼튼)_02

○ 프롬프트 내용

> 정년을 맞이하여 자서전을 쓰려고 해 제목은
> '사진 한 장으로 자서전 쓰기'야 이 내용으로
> 자서전을 쓸 수 있도록 자세하게 목차부터 안내해줘

'사진 한장으로 자서전 쓰기' 목차 안내

제목

프롤로그: 내 삶의 첫 번째 '기억 사진' 자서전을 쓰게 된 계기, '사진 한 장으로'라는 제목의 의미를 설명하고, 인생에서 가장 처음 강렬하게 기억되는 '사진 같은 장면'을 떠올리며 시작해요.

제1장: 어린 시절의 보물 상자 속 '기억 조각'

유년 시절의 천진난만함, 가족과의 첫 만남, 꿈 많던 학창 시절을 대표하는 '사진들'을 떠올리고, 그 속에 담긴 에피소드를 솔직하게 풀어냅니다.

제2장: 청춘의 열정과 방황, 뜨거웠던 '그 순간의 스냅샷'

사회 초년생의 열정, 첫사랑의 설렘, 좌절과 시련, 그리고 극복의 순간들을 담은 '사진'들을 중심으로 인생의 가장 뜨거웠던 순간들을 회고합니다.

제3장: 인생의 전환점, 운명을 바꾼 '결정적인 한 컷'

결혼, 출산, 중요한 승진, 사업의 시작, 이직 등 인생의 방향을 바꾼 중대한 결정이나 사건들을 대표하는 '사진'을 선택하고, 그 과정과 의미를 되새깁니다.

제4장: 함께 웃고 울었던, '사랑과 유대감의 풍경'

배우자, 자녀, 부모님, 형제자매, 소중한 친구들, 멘토 등 나의 인생을 풍요롭게 해준 인연들과의 추억을 담은 '사진'을 통해 관계의 소중함을 이야기합니다.

제5장: 나의 발자취, 열정이 담긴 '현장의 한 장' 직업을 통해 이룬 성취, 어려움을 극복한 경험, 취미 생활이나 사회 활동에서 느낀 기쁨 등 삶의 현장에서 뜨겁게 몰두했던 '순간의 사진'들을 조명합니다.

제6장: 시간을 품은 공간들, 나를 말해주는 '추억의 앨범'
어릴 적 살던 고향, 유학이나 여행을 떠났던 이국땅, 오랜 시간을 보냈던 직장이나 자주 찾았던 동네 등 나의 인생에 의미를 더했던 '장소의 사진'을 꺼내 봅니다.

제7장: 지금, 나의 모습, 그리고 새로운 시작을 알리는 '선명한 사진'
정년을 맞이한 현재의 감회, 앞으로의 삶에 대한 기대, 새로운 도전이나 꿈에 대한 '오늘의 사진'을 통해 미래를 그려봅니다.

에필로그: 인생이라는 필름의 '마지막 한 조각'
자서전을 마무리하며 느낀 감정, 삶을 통해 얻은 교훈, 그리고 후손들에게 남기고 싶은 메시지 등 인생이라는 '긴 필름의 마지막 한 조각'을 완성합니다.

각 목차별 상세 가이드 이제 각 장을 어떻게 채워나갈지 좀 더 자세히 알아볼까요?

프롤로그: 내 삶의 첫 번째 '기억 사진'
핵심 팁: 솔직하고 담백하게 당신의 시작을 알려주세요.

제1장: 어린 시절의 보물 상자 속 '기억 조각'
무엇을 쓸까? 아주 어렸을 때 찍었던 사진(없다면 상상 속 사진!)이나 부모님, 형제자매, 친구들과 함께했던 유년 시절의 특별한 장면을 떠올려보세요. 첫 기억, 처음 만난 친구, 처음 학교에 가던 날 등 '처음'이라는 키워드에 집중하면 좋아요.

핵심팁 어린 시절의 감성과 시선으로 순수하고 생생하게 그때의 감정들을 표현해보세요.

제2장: 청춘의 열정과 방황, 뜨거웠던 '그 순간의 스냅샷'
무엇을 쓸까? 학창 시절의 졸업 사진, 친구들과의 장난기 어린 모습, 군대 시절, 대학교 시절의 사진 등을 꺼내보세요. 사랑의 설렘, 꿈을 향한 도전, 첫 실패와 좌절, 그리고 다시 일어서는 과정 속에서 찍힌 '사진 같은 순간'들을 떠올려보세요.

핵심팁 그때의 열정과 방황, 고민들을 가감 없이 드러내어 읽는 이가 공감할 수 있도록 써보세요.

제3장: 인생의 전환점, 운명을 바꾼 '결정적인 한 컷'

무엇을 쓸까? 결혼식 사진, 자녀의 첫돌 사진, 사업을 시작하던 날의 긴장된 표정, 중요한 계약을 성공시킨 순간 등 당신의 인생 흐름을 크게 바꾼 결정적인 사건들을 담은 '사진'을 중심으로 써보세요. 그 순간을 선택하기까지의 고민과 그 이후의 변화에 집중하면 좋아요.

> **핵심팁** 중요한 결정을 내릴 때 어떤 마음가짐이었고, 그 결정이 당신의 삶에 어떤 영향을 주었는지 깊이 있게 성찰하는 시간을 가져보세요.

제4장: 함께 웃고 울었던, '사랑과 유대감의 풍경'

무엇을 쓸까? 가족사진, 가장 친한 친구와 찍은 사진, 존경하는 멘토와 함께한 사진 등을 떠올려보세요. 이들과의 관계가 당신의 삶에 어떤 의미였는지, 힘들 때 위로가 되고 기쁠 때 함께 웃었던 순간들을 '사진'에 담듯이 생생하게 묘사해주세요.

> **핵심팁** 주변 사람들과의 관계를 통해 당신이 어떻게 성장했는지, 그리고 그들에게 어떤 영향을 받았는지 되짚어보세요.

제5장: 나의 발자취, 열정이 담긴 '현장의 한 장'

무엇을 쓸까? 직장에서 중요한 프로젝트를 마무리하고 찍은 사진, 취미 활동에 몰두하는 당신의 모습, 봉사활동이나 사회 활동을 하면서 느낀 보람 등을 담은 '사진'들을 찾아보세요. 당신이 어떤 일에 열정을 쏟았고, 어떤 성과를 이루었는지 자세히 기록하는 장이에요.

핵심팁 성공뿐만 아니라 실패와 좌절의 순간도 함께 기록하며, 그 속에서 무엇을 배우고 어떻게 성장했는지를 보여주세요.

제6장: 시간을 품은 공간들, 나를 말해주는 '추억의 앨범'

무엇을 쓸까? 고향 집 사진, 학창 시절 자주 가던 골목, 신혼집, 해외여행에서 찍은 사진 등 당신의 삶에서 특별한 의미를 지녔던 '장소의 사진'을 중심으로 글을 써보세요. 그 장소가 당신에게 어떤 기억과 감정을 주었는지 표현하는 거죠.

핵심팁 장소와 관련된 에피소드뿐만 아니라 그 장소가 당신의 가치관이나 성격 형성에 어떤 영향을 미쳤는지 생각해보는 것도 좋아요.

제7장: 지금, 나의 모습, 그리고 새로운 시작을 알리는 '선명한 사진'

무엇을 쓸까? 정년을 맞이한 당신의 현재 모습(사진으로 남겨도 좋겠죠!)을 중심으로 써보세요. 지금까지 걸어온 길을 돌아보고, '나는 누구인가'에 대한 질문을 던지는 장이에요. 앞으로의 삶에 대한 기대, 새롭게 도전하고 싶은 버킷리스트, 은퇴 후의 삶을 어떻게 꾸려나갈지에 대한 계획을 '사진'처럼 그려보세요.

핵심팁 과거를 회고하는 것을 넘어, 현재와 미래에 대한 당신의 생각과 비전을 명확히 보여주는 것이 중요해요.

에필로그: 인생이라는 필름의 '마지막 한 조각'

무엇을 쓸까? 자서전 전체를 쓰면서 느낀 소회, 가장 중요하게 생각하는 삶의 지혜나 철학, 그리고 가족이나 후세들에게 남기고 싶은 메시지를 '마지막 한 장의 사진'처럼 담아내세요. 어떤 삶을 살았다고 기억되고 싶은가요?

 독자들에게 깊은 울림과 감동을 줄 수 있는 진솔하고 감동적인 메시지로 마무리하는 것이 좋습니다.

○ https://claude.ai/ 활용사례(클로드)_03

○ 프롬프트 내용

> 정년을 맞이하여 자서전을 쓰려고 해 제목은
> '사진 한 장으로 자서전 쓰기'야 이 내용으로
> 자서전을 쓸 수 있도록 자세하게 목차부터 안내해줘

사진 한 장으로 자서전 쓰기 – 완전 가이드

목차 구성
프롤로그: 사진 속 인생, 왜 사진으로 자서전을 쓰게 되었는지, 이 책을 읽는 방법, 각 사진에 담긴 의미에 대한 간단한 소개

제1부: 뿌리 (유년기 ~ 청소년기)
1장. 첫 번째 미소 – 어린 시절 가족사진
선정 기준: 가족과 함께 찍은 가장 오래된 사진 또는 가장 행복해 보이는 어린 시절 사진
써야 할 내용: 태어난 시대적 배경, 부모님과 가족 이야기, 어린 시절 꿈과 성격, 그 시절 사회 모습과 생활상

2장. 교복 입은 꿈 – 학창시절 사진
선정 기준: 초/중/고등학교 졸업사진이나 교복 입은 사진
써야 할 내용: 학교생활과 친구들, 좋아했던 과목과 선생님, 첫사랑이나 우정, 진로에 대한 고민과 꿈

제2부: 성장 (청년기 ~ 장년기)
3장. 첫걸음 – 사회 첫 출근 사진
선정 기준: 첫 직장 출근날이나 면접 보던 날, 또는 사회인이 된 모습
써야 할 내용: 직업 선택 과정, 첫 직장에서의 경험, 멘토나 동료들과의

만남, 사회 적응 과정의 어려움과 성장

4장. 운명적 만남 – 연인과의 사진

선정 기준: 배우자와 처음 찍은 사진이나 가장 행복했던 연인 시절 사진

써야 할 내용: 만남의 과정과 첫인상, 연애 시절의 추억, 결혼 결심 과정, 서로에게 끼친 영향

5장. 새로운 시작 – 결혼식 사진

선정 기준: 결혼식 당일의 가장 의미 있는 한 장

써야 할 내용: 결혼 준비 과정, 결혼식 당일의 감정, 양가 가족과의 만남, 새로운 가정에 대한 다짐

제3부: 책임 (가정과 직업의 전성기)

6장. 가장 소중한 선물 – 자녀 탄생 사진

선정 기준: 첫 아이 또는 가장 기억에 남는 자녀와의 사진

써야 할 내용: 부모가 되는 순간의 감격, 육아의 기쁨과 어려움, 자녀 교육에 대한 철학, 가족의 성장 과정

7장. 도전과 성취 – 직장에서의 중요한 순간

선정 기준: 승진, 수상, 프로젝트 성공 등 직업적 성취를 보여주는 사진

써야 할 내용: 경력 발전 과정, 중요한 프로젝트나 업적, 직장에서의 인

간관계, 일과 가정의 균형

8장. 시련과 극복 – 어려웠던 시기의 사진

선정 기준: 힘들었던 시기를 상징하는 사진 (실패, 좌절, 질병 등)

써야 할 내용: 인생의 위기와 시련, 극복 과정과 교훈, 주변의 도움과 지지, 성숙해진 인생관

제4부: 성숙 (중년기 ~ 정년기)

9장. 여유와 취미 – 취미 생활 사진

선정 기준: 좋아하는 취미나 여가 활동하는 모습

써야 할 내용: 취미를 시작하게 된 계기, 취미를 통해 만난 사람들, 여가 생활의 변화, 삶의 여유와 철학

10장. 전수와 나눔 – 후배나 제자들과의 사진

선정 기준: 후배 직원, 제자, 또는 멘토링하는 모습

써야 할 내용: 경험과 지식의 전수, 후배들과의 관계, 리더로서의 역할, 사회적 책임감

11장. 황혼의 아름다움 – 부부의 성숙한 모습

선정 기준: 중년 이후 배우자와 찍은 가장 의미 있는 사진

써야 할 내용: 오랜 결혼 생활의 지혜, 서로에 대한 이해와 사랑의 변화,

함께 늙어가는 과정, 평생 동반자로서의 감사

제5부: 새로운 출발 (정년 이후)
12장. 마지막이 아닌 시작 – 정년퇴임 사진
선정 기준: 정년 퇴임식이나 마지막 출근 사진
써야 할 내용: 직장 생활의 마무리, 동료들과의 작별, 정년에 대한 감회 새로운 인생 2막에 대한 계획

에필로그: 아직 찍지 못한 사진들
앞으로의 꿈과 계획, 후세에게 전하고 싶은 메시지, 인생을 되돌아보며 느끼는 감사, 아직 만들어갈 추억들에 대한 기대

○ 글쓰기 요령:
독자가 사진을 보지 않아도 상황을 이해할 수 있게 묘사, 개인적 경험을 보편적 감정으로 연결, 시대적 배경과 개인사를 적절히 조화, 솔직하고 진정성 있는 표현 사용

○ 분량 조절:
전체 200-250페이지 목표, 각 장별 균형 있는 분량 배분, 중요한 시기는 좀 더 자세히, 평범한 시기는 간결하게

○ 추가 구성 요소

부록: 연도별 주요 사건 정리, 가계도 또는 인물 관계도, 사진 연대기, 감사의 말

○ 편집 제안:

각 장 시작 부분에 해당 사진 배치, 중간중간 관련 사진들 추가 삽입 가능, 시대별 배경 설명을 위한 자료사진 활용, 이렇게 구성하시면 사진 한 장 한 장이 각자의 이야기를 담은 특별한 자서전이 완성될 것입니다. 각 사진이 단순한 기록이 아닌 인생의 한 장면을 생생하게 되살리는 매개체가 되어, 읽는 이들에게도 깊은 감동을 줄 수 있을 것 같습니다.

이렇게 구성하면 각 사진이 단순한 추억이 아닌 인생의 중요한 순간들을 상징하는 의미 있는 장이 될 것입니다.

몇 가지 추가 조언을 드리자면:

사진 선택이 핵심입니다. 각 시기를 대표하면서도 개인적으로 특별한 의미가 있는 사진을 고르세요. 반드시 예쁘거나 완벽한 사진일 필요는 없습니다.

시간을 충분히 두고 작업하세요 – 각 사진을 보며 그 시절을 충분히 회상하는 시간이 필요합니다. 급하게 쓰지 마시고 천천히 기억을 되살려가며 작성하세요.

가족들과 함께 나누세요 - 사진을 보며 가족들과 그 시절 이야기를 나누면 더 풍부한 내용을 쓸 수 있고, 잊었던 에피소드들도 기억날 것입니다. 어떤 부분부터 시작하고 싶으신지, 또는 특정 장에 대해 더 자세한 안내가 필요하시면 언제든 말씀해 주세요.

위 내용은 AI 활용하는 기본적인 방법을 안내해 드렸습니다. 세 가지 AI 툴은 작가 임의로 선정했으며, 또 다른 AI로 자서전 쓰기에 활용해 보시기 바랍니다.

- https://chatgpt.com/ 활용사례_01
- https://wrtn.ai/ 활용사례_02
- https://claude.ai/ 활용사례_03

에필로그

사진 한 장으로 자서전 쓰기는 누구나 가지고 있는 사진으로 과거의 추억을 끄집어낼 수 있도록 그 사례들을 자세하게 안내해 드렸습니다.

사진 속 나는 평온해 보인다. 가족들과 나눈 따뜻한 웃음, 그 속엔 수많은 시간이 담겨 있다. 아이처럼 웃던 어린 시절부터, 방황하던 청춘, 책임의 무게를 짊어진 중년, 그리고 다시 나를 돌아보게 된 지금까지 삶은 언제나 완벽하지 않았지만, 그 안엔 분명 의미가 있었다.

이 한 장의 사진은 나에게 묻는다. "너는 어떻게 살아왔니?". 나는 말한다. 넘어지고 울던 날도 있었지만, 결국 일어섰다고. 나를 사랑하게 되었고, 남을 품는 마음도 배웠다고. 지나온 삶의 이야기들은 어쩌면 누군가에게 작은 위로가 될지 모른다. 이 자서전이 누군가의 기억을 꺼내는 열쇠가 되었기를, 그리고 자신의 이야기를 쓰고 싶은 용기를 주었기를 바란다. 이제 나는 또 다른 삶의 한 장을 열 준비가 되어 있다. 그리고 그 끝에서도 웃고 있기를 바란다.

본 자서전에서 나열하였듯이 이제는 여러분의 이야기를 하나하나 잘 엮어 나만의 신비로운 감동 스토리를 자손들에게, 친구들에게 고운 추억과 아쉬운 기억들에 대한 소중한 이야기를 자서전으로 대신하면 좋은 반응은 물론 또 다른 나의 멋진 내 삶에 대하여 응원을 해줄 것이며, 또한 지나온 내 삶을 다시 한번 회상하고 아쉬운 점들을 추가하는 페이지(부록)를 잘 활용하여 인생의 최고의 그래프를 작성하여 아름다운 삶, 그리고 나를 돌아보는 귀중한 시간 다시 한번 회상하여 좋은 콘텐츠로 나만의 자서전 한 권 출판하시길 기원합니다.

정동욱 작가

작가, 시인, 디자이너, 홍익대학교 미술학 박사, 서울대 행정대학원 AIC 수료, 서울특별시 치매 기억친구 리더, 창의 놀이 전문강사(치매 미술), 명성문화예술센터 평생교육원 교수, KBS출판작가마스터과정 전문강사, 대한민국산업디자인대전 초대작가 & 심사위원, 사)한국미술협회 초대작가 & 심사위원역임, 개인전 6회 단체전 다수, 전) KBS 특수영상 총감독 역임.

○ 수상 경력
2025 한국예술문화단체총연합회 우수작가 유공 표창
2024 디카시 전국백일장대회 은상, 금상, 대지문학상 시 부문
2023 좋아졌네문학상, 서울특별시청소년지도자대상 진로 교육 대상
    자랑스러운 한국인 대상. 한국강사교육진흥원 공헌대상,
    한국강사교육진흥원 2023년을 빛낸 창의 놀이 부문 강사상
2022 대지문학 신인문학상
2021 대한민국 최고 명강사 창의력 /색채 부문
2009 국무총리 표창

○ 강의 분야
컬러로 인지 놀이, 창의력 뇌 훈련(치매 미술), AI 활용 글쓰기, 자서전 쓰기, 웰에이징, 시니어 인지 놀이(미술 심리), 시니어 시 쓰고 & 시화 그리기, 그림으로 보는 인문학, 명품 강사의 역할과 자세, 감동

스피치, 슈퍼시니어의 미래?, 생명존중_자살 예방, KBS스포츠예술과 학원 출판작가 마스터 과정 일러스트 및 표지 디자인, 유튜브 동영상 제작 등 강의 진행 중

○ **멘토링**
강남삼전복지센터. 장암복지센터, 의정부노성야간학교, 사랑채 복지관, 동탄 복지센터, 복지관 및 지역아동센터, 직업 진로 체험 강사 등으로 활동 중

○ **저서**
컬러링 북; 꽃놀이, 컬러 테라피; 꽃잎, 사진 한 장으로 자서전 쓰기, 호기심 다이어리 1·2·3, 아빠가 들려주는 디지털 이야기, TV 그래픽 디자인, 방송영상 디자인, 방송 특수영상 제작 실무, 점포를 디자인하라(공저), 스트레스 해소 명언 집,

○ **시집**
까칠해서 더 매력 있는 그대,
(공저) 내 안의 그대라는 꽃, 꽃 피는 삼행시, 33인 공저, 벼랑에 핀 꽃, 벼리 3, 꽃 피는 사행시, 꽃 피는 디카시, 시간의 향기를 그리다 (공저 시집출판 프로젝트) 등

○ **전자책**
크몽 (https://kmong.com)
고객 관리 노하우, 스트레스 해소 명언 집, 왕초보 명강사 되기, AI

200% 활용법 (챗 GPT와 창의 놀이), 신나는 하루 여행

유페이퍼 (https://artshow.upaper.kr/)
마음에 피는 색 한 송이, 색으로 기억을 깨우다, 스트레스 해소 명언 집, 챗GPT와 창의 놀이

동화책
두물머리에 숨겨진 비밀, 모험을 떠나는 친구들, 신나는 하루 여행

o SNS
유튜브: 동우기다콘TV

블로그: https://blog.naver.com/artshow1010

o 강연문의
010-5151-5690 artshow1010@naver.com

o 저작권
저작권법 제10조 2항, 이 자료는 대한민국 저작권법의 보호를 받습니다. 작성된 모든 내용의 권리는 작성자에게 있으며, 저작자의 승인이 없는 모든 사용이 금지됩니다. 이 자료의 일부 혹은 전체 내용을 무단으로 복제, 배포, 2차 적 저작물 작성할 경우 5년 이하의 징역 또는 5천만 원 이하의 벌금과 민사상 손해 배상을 청구합니다.

참고 문헌

- 내 삶의 이야기, 헬렌 켈러 저자, 번역 WE GROUP, 꿈과 희망, 2014.07.20.
- 미셸 오바마 지음, BECOMING, 김명남 옮김, 웅진지식하우스, 2018.11.13.
- 배움의 발견, 타라 웨스트오버 지음, 김희정 옮김, 열린책들, 2023.12.01.
- 프리다 칼로, 헤이든 헤레라 저자(글), 민음사, 2003.12.01
- The Story of My Life, Helen Keller 지음, 유페이퍼, 2016.11.12.
- 프란치스코 교황, 카를로 무쏘 저자(글), 이재협, 김호열, 이창욱, 가비노김 번역, 가톨릭출판사, 2025.03.19.
- 벤저민 프랭클린, 벤저민 프랭클린 자서전 저자(글), 강주헌 번역, 현대지성, 2022.08.01.
- 내 영혼의 일기, 프리다 칼로 저자(글), 안진옥 엮음, 비엠케이, 2018.04.5
- Book of Longing, Leonard Cohen 지음, Penguin Books Ltd, 2007.08.02("I'm Your Man"에 수록된 인터뷰 중 일부)
- 아티스트 웨이, 줄리아 카메론 지음, 박미경 번역, 위즈덤하우스, 2025.06.26
- 어둠을 지나 미래로, 박근혜 지음, 중앙북스, 2024.02.05.
- 빛이 드리운 자리, 필립 얀시 지음, 홍종락 옮김, 비아토르, 2022.05.17.
- 운명의 딸 1,2, 이사벨 아옌데 요나 지음, 권미선 옮김, 민음사, 2007.12.14.
- Tara Westover, Educated, Random House Publishing Group, 2022. 02.
- 아빌라의 성녀 데레사 자서전, 가르멜여자수도원, 밀양가르멜여자수도원 번역, 분도출판사, 2017.08.10.
- Source Code:My Beginnings, Gates, Bill 저자(글) 첫 자서전, Knopf Publishing Group, 2025. 02.04.
- 이 땅에 태어나서, (나의 살아온 이야기) 정주영, 정주영 저자(글),

1998.03.10.

○ 컬러링 북; 꽃놀이, 정동욱, 북소리, 2025.03

○ 컬러 테라피; 꽃잎, 정동욱, 부크크, 2025.07.19.

○ 스트레스 해소 명언 집, 정동욱, 유페이퍼. 2025.04

○ https://ko.dict.naver.com/ 테피스트리

○ https://www.vangoghletters.org

○ https://namu.wiki/

○ https://chatgpt.com/

○ https://www.midjourney.com/

○ https://terms.naver.com/

○ https://wrtn.ai/

○ https://claude.ai/

○ https://www.naver.com/

○ 네이버 지식백과 (시사상식사전)

사진 한 장으로
자서전 쓰기

초판 1쇄 인쇄 2025년 9월 12일
초판 1쇄 발행 2025년 9월 19일

저　　자 | 정동욱
발 행 인 | 정동명
디 자 인 | 서재선
인 쇄 소 | 재능인쇄

펴 낸 곳 | (주)동명북미디어 도서출판 정다와
주　　소 | 경기도 과천시 뒷골1로 6 용마라이프 B동 2층
전　　화 | 02.3481.6801
팩　　스 | 02.6499.2082
홈페이지 | www.dmbook.co.kr / www.kmpnews.co.kr

출판신고번호 | 2008-000161
ISBN | 978-89-6991-056-1
정가 15,000원

※ 이 책은 저작권법에 따라 보호받는 저작물이므로 무단전재와 무단복재를 금합니다.
　　이 책 내용의 일부 또는 전부를 사용하려면 반드시 〈도서출판 정다와〉의 서면 동의를 받아야 합니다.

※ 잘못된 책은 구입하신 서점에서 바꾸어 드립니다.